KB275758

안양대HK+
동서교류문헌총서
12

Φυσιολόγος
피지올로구스 그리스어본 역주
중세 그리스도교 우화집

안양대학교 신학연구소
안양대HK+ 동서교류문헌총서 12

피지올로구스 그리스어본 역주
중세 그리스도교 우화집

초판인쇄 2025년 10월 16일
초판발행 2025년 10월 30일

지은이 Physiologus
번역 및 주해 곽문석 · 김근호

펴낸곳 동문연
등 록 제2107-000039호
전 화 02-705-1602
팩 스 02-705-1603
이메일 sukjookim182@gmail.com
주 소 서울시 용산구 청파로 40, 1602호 (한강로3가, 삼구빌딩)
제 작 (사)동서지행포럼

값 24,000원 (＊파본은 바꾸어 드립니다.)

ISBN 979-11-990374-7-2 (94230)
ISBN 979-11-974166-0-6 (세트)

• 이 저서는 2019년 대한민국 교육부와 한국연구재단의 HK+사업의 지원을 받아 수행된 연구임
  (NRF-2019S1A6A3A03058791).

안양대HK+

12

Φυσιολόγος

피지올로구스 그리스어본 역주

중세 그리스도교 우화집

Physiologus 지음

곽문석 · 김근호 번역 및 주해

동문연

안양대학교 신학연구소의 인문한국플러스(HK+) 사업단은 소외·보호 분야의 동서교류문헌 연구를 2019년 5월 1일부터 수행하고 있다. 다시 말하여 그동안 소외되었던 연구 분야인 동서교류문헌을 집중적으로 연구하면서, 동시에 연구자들의 개별 전공 영역을 뛰어넘어 문학·역사·철학·종교·언어를 아우르는 공동연구를 진행하고 있다. 서양 고대의 그리스어, 라틴어 문헌이 중세 시대에 시리아어, 중세 페르시아어, 아랍어 등으로 어떻게 번역되었고, 이 번역이 한자문화권으로 어떻게 수용되었는지를 추적 조사하고 있다.

또한 체계적으로 연구하기 위해서 동서교류문헌을 고대의 실크로드 시대(Sino Helenica), 중세의 몽골제국 시대(Pax Mongolica), 근대의 동아시아와 유럽(Sina Corea Europa)에서 활동한 예수회 전교 시대(Sinacopa Jesuitica)로 나누어서, 각각의 원천문헌으로 실크로드 여행기, 몽골제국 역사서, 명청 시대 예수회 신부들의 저작과 번역들을 연구하고 있다. 이제 고전문헌학의 엄밀한 방법론에 기초하여 비판 정본을 확립하고 이를 바탕으로 번역·주해하는 등등의 연구 성과물을 순차적으로 그리고 지속적으로 총서로 출간하고자 한다.

본 사업단의 연구 성과물인 총서는 크게 세 가지 범위로 나누어 출간될 것이다. 첫째는 "동서교류문헌총서"이다. 동서교류문헌총서는 동서교류에 관련된 원전을 선정한 후 연구자들의 공동강독회와 콜로키움 등의 발표를 거친 다음 번역하고 주해한다. 그 과정에서 선정된 원전 및 사본들의 차이점을 비교 혹은 교감하고 지금까지의 연구에 있어서 잘못 이해된 것을 바로잡으면서 번역작업을 진행하여 비판 정본과 번역본을 확립한다. 그런 다음 최종적으로 그 연구 성과물을 원문 대역 역주본으로 출간하는 것이다.

둘째는 "동서교류문헌언어총서"이다. 안양대 인문한국플러스 사업단은 1년에 두 차례 여름과 겨울 동안 소수언어학당을 집중적으로 운영하고 있다. 이 소수언어학당에서는 고대 서양 언어로 헬라어와 라틴어, 중동아시아 언어로 시리아어와 페르시아어, 코카서스 언어로 아르메니아어와 아제르바이잔어와 조지아어, 중앙아시아 및 동아시아 언어로 차가타이어와 만주어와 몽골어를 강의하고 있는데, 이러한 소수언어 가운데 우리나라에 문법이나 강독본이 제대로 소개되어 있지 않은 언어들의 경우에는 강의하고 강독한 내용을 중점 정리하여 동서교류문헌언어총서로 출간할 것이다.

셋째는 "동서교류문헌연구총서"이다. 동서교류문헌연구총서는 동서교류문헌을 번역 및 주해하여 원문 역주본으로 출간하는 과정과 우리나라에 잘 소개되지 않는 소수언어의 문법 체계나 배경 문화를 소개하는 과정에서 깊이 연구된 개별 저술들이나 논문들을 엮어 출간하려는 것이다. 이 본연의 연구 성과물을 통해서 동서교류의 과거·현재·미래를 가늠해 볼 수 있고 궁극적으로 '그들'과 '우리'를 상호 교차적으로 비교해 볼 수 있을 것이다.

안양대학교 신학연구소 인문한국플러스 사업단장

곽 문 석

차 │ 례

제1부

————

피지올로구스 해제

피지올로구스–그리스도교 그리스어 우화집

『피지올로구스』 개론

　『피지올로구스』는 2~3세기에 알렉산드리아에서 그리스어로 집필된 것으로 추정되는 종교적이고 도덕적인 교훈을 담고 있는 동물과 돌과 나무 등에 관한 이야기 모음집이다. '피지올로구스'(*Physiologus*)라는 이름은 작품 속의 익명의 저자가 스스로를 지칭하는 표현인 그리스어 'Φυσιολόγος'(퓌시올로고스)에서 따온 것으로서, 문자적으로는 '자연의 본성을 탐구하는 학자', 즉 '자연학자'를 뜻한다. 이 화자는 '자연학자'라는 이름을 빌려 이 이야기들에 우화적 상상력과 종교적이고 신비적이며 도덕적인 의미를 더해 교훈적 의미를 전달해 주는 역할을 하고 있다. 즉 『피지올로구스』는 동물 우화집(bestiary)에 그리스도교의 신앙적 교훈을 더한 일종의 설교집이라고 할 수 있다. 이 책의 기원을 알렉산드리아에 두는 이유는 고대 알렉산드리아의 달력의 이름을 사용한다는 점과 이집트와 관련된 지명이나 그곳에 서식하는 동물들이 빈번하게 등장한다는 점, 동물의 본성과 성서를 연결시켜 우의적(allegorical)으로 성서를 해석하는 방식을 택한다는 점에서 그 이유를 찾을 수 있다. 예를들면, 이집트에 살았던 성경의 인물인 '요셉'에 관한 내용은 물론, 나일 강에 사는 '수달', '이집트몽구스', 이집트의 고대 도시 '헬리오폴리스'와 이집트의 달 이름인 '파르무티' 와 '파메노트' 등이 언급되고 있다.

『피지올로구스』 안에 수록된 이야기들은 그리스나 인도의 설화와 관련된 내용을 담기도 하며, 아리스토텔레스(Aristoteles, 384-322 BC)의 『동물지』(*Historia animalium*)[1]와 대 플리니우스(Pliny the Elder, 23-79)의 『박물지』(*Naturalis Historia*)[2], 아엘리아누스(Claudius Aelianus, ca. 175-235)의 『동물의 본성에 관하여』(*De Natura Animalium*)[3], 솔리누스(Gaius Julius Solinus, AD 3세기)의 『세계의 경이로운 것들에 관하여』(*De mirabilibus mundi*)[4]의 일부 내용을 차용하기도 하였다. 이 기록들은 모두 당시에 떠돌던 전설이나 우화를 수집한 작품들로서, 헬레니즘 시기에 유행하던 자연사(natural history) 장르에 속한다. 『피지올로구스』 역시 이와 같은 장르에 속하지만, 독특한 점은 이 우화집은 비그리스도교적인 이야기를 수용하면서도 이를 그리스도교 신앙과 연결한다는 것이다. '피지올로구스'라는 이름이 보여주듯 이 책은 동물이나 광물 같은 자연 속 사물의 고유한 특성을 열거하고, 이를 그 사물과 관련된 성구와 연결하여 우의적으로 해석함으로써 신앙적 해설과 도덕적 주해를 도출해내는 방식으로 이야기를 전개해나간다. 『피지올로구스』가 참고한 고전 자료들의 주요 출처 목록은 아래와 같다.

---

1 Aristotle, ***History of Animals***, vols. I-III, Loeb Classical Library 437-439 (Cambridge, MA: Harvard University Press, 1965).

2 Pliny the Elder, ***Natural History***, vols. II, III, VIII, Loeb Classical Library 352, 353, 418 (Cambridge, MA: Harvard University Press, 1942, 1940, 1963).

3 Aelian, ***On Animals***, vols. I-III, Loeb Classical Library 446, 448, 449 (Cambridge, MA: Harvard University Press, 1958-1959).

4 Solinus, ***De mirabilibus mundi***, Theodor Mommsen ed., ***C. Iulii Solini collectanea rerum memorabilium*** (Hildesheim : Weidmannsche Buchhandlung, 1999).

우화 번호	우화 제목	고전 참고 자료			
		아리스토텔레스 『동물지』	플리니우스 『박물지』	아엘리아누스 『동물의 본성에 관하여』	솔리누스 『세계의 경이로운 것들에 관하여』
1	사자	1.1.15, 2.1.1, 3.8.2, 6.28.1, 8.7.4, 9.2.11, 9.31.1-3	8.17-19	4.34, 5.39	27.13-20
2	햇살 도마뱀		8.60, 10.85, 11.65	2.23	27.33-34
4	펠리칸	8.14.2, 9.11	10.66		
5	해오라기	9.2.4	10.16; 10.19; 10.41	1.2	
6	독수리	9.2.3, 9.22.4, 9.23.3	10.3-6	1.42, 2.26, 2.40	
7	피닉스		10.2	6.58	33.11-13
8	후투티	9.16.1	10.44		
9	들나귀		8.46		27.27
10	독사	5.28, 8.6.1	8.9, 10.82, 11.50, 11.63	1.24, 1.48, 2.24	2.32
11	뱀	8.19.3	8.35, 8.41, 10.5, 10.82, 10.90	1.37-38	27.35
12	개미	4.8.15, 9.26.1	11.36	2.25, 3.4, 4.43	30.23
13	세이렌		10.70		
	히포켄타우로스			17.9	
14	고슴도치	3.10.3, 9.7.5	8.56	3.10	
15	여우		10.38		
16	표범		8.23		17.8-10
17	고래 아스피도켈로네		9.2, 9.3, 9.6, 9.88		52.42
18	자고새	5.4.7, 6.8.2	5.4.7, 6.2.9, 6.8.2, 9.9.1-5	3.5	7.28-32
19	대머리독수리	6.5, 9.23.2	10.7, 10.54, 29.24	1.45-46	
20	개미사자				
21	족제비	8.27.2, 9.2.9, 9.7.4	8.33, 8.41		27.53
22	유니콘	2.2.8	8.31	3.41	
23	비버		8.47	6.34	13.2
24	하이에나	6.28.2, 8.7.2	8.44, 8.46, 9,55	1.25, 6.14, 7.22	27.23-25
25	수달		29.22		
26	이집트몽구스		8.35-37		

27	까마귀	9.2.3	10.14	3.9	
28	산비둘기			10.33	
29	육지 개구리와 수생 개구리	4.9.5-6, 8.2.2	8.48, 8.83, 11.65, 11.112, 32.18, 32.24		
30	사슴	6.26.3, 9.6.4	8.41, 8.50, 10.5, 11.115	2.9	19.9-18
31	살라만드라		10.86, 11.116	2.31	
32	금강석 1				52.56-60
33	제비	9.8.1	8.41, 10.34, 10.44, 11.29	1.52, 3.25	10.19
35	비둘기				
39	톱상어				
40	따오기		8.41, 10.40, 10.45	1.38	32.32-33
41	노루	98.7.1	8.41, 8.76	1.53	
42	금강석 2				52.56-60
43	코끼리	1.9.5, 2.1.2, 2.1.4, 2.3.15, 4.9.9, 5.12.14, 9.2.11, 9.11.1	8.1-13	1.37, 2.11, 2.18, 4.10	20.7, 25.1-15
44	마노석				
	진주		9.54-58	15.8	53.23-27
45	들나귀		8.46		27.27
	원숭이	2.5.1	8.80	5.26	27.55-57
47	왜가리				
49	뻐꾸기	9.20.1-2	10.11.27	3.30	
51	공작새	6.9.1-2	10.22-23	5.21	
52	황새		8.41	1.37	40.25-27
53	딱따구리		10.20, 10.41, 10.50, 10.64	1.45	
54	산토끼		8.81, 8.83, 11.54	2.12	

주요 그리스어 판본들

그리스어 『피지올로구스』는 스보르도네(Francesco Sbordone)가 편집하여 1936년에 출판한 수용본문(TR)에 근거하여 대다수의 연구가 이루어졌다.[5] 이후 1966년에 오페르만스(Dieter Offermanns)는 그리스어 G 사본을 새롭게 공개함으로써, 스보르도네의 본문을 수정할 것을 요구하였다.[6] 특히 G 사본은 기록연대가 스보르도네가 편집에 사용한 사본들보다도 더 빠를 뿐 아니라 『피지올로구스』의 다른 고대 역본들의 내용과도 유사한 까닭에, 이미 스보르도네가 출판한 본문에 비해서 더 원문에 가까운 것으로 이해할 수 있다. 최근의 연구에서 마세(Caroline Macé)도 G 사본에 근거하여 『피지올로구스』의 전승사를 새롭게 재편하였는데, 그는 그리스어 사본들을 전승 시기에 따라 I, II, III 유형으로 구분하고,[7] 초기 전승에 해당하는 I 유형을 원문에 가까운 α와 이를 다듬은 β라는 두 가지 사본군으로 다시 나누었다.[8] 그가 재편한 전승사를 따라, 각 사본군에서 중요한 사본들을 위주로 본문의 순서를 사본 간에 비교하면 다음과 같다.[9]

---

5   Francesco Sbordone, ed., ***Physiologus*** (Mediolanum: In Aedibus Societatis Dante Alighieri Albrighi, Segati et c., 1936).

6   Dieter Offermanns, ***Der Physiologus nach den Handschriften G und M*** (Meisenheim am Glan: Anton Hain Verlag, 1966); Caroline Macé, "The Greek Tradition of the First Recension (Phys. Gr. I)," in ***The Multilingual Physiologus: Studies in the Oldest Greek Recension and Its Translations***, edited by Caroline Macé and Jost Gippert (Belgium: Brepols, 2021), 49-50.

7   Caroline Macé, "The Greek Tradition of the First Recension (Phys. Gr. I)," 49.

8   Horst Schneider, "Introduction to the Physiologus," 32; Caroline Macé, "The Greek Tradition of the First Recension (Phys. Gr. I)," 74-83.

9   Caroline Macé, "The Greek Tradition of the First Recension (Phys. Gr. I)," 70-71.

주요 사본 본문 순서[10]	A[11]	Π[12]	M[13]	G[14]
1	1	2	1	1
2	2	1	2	2
3	3	6	3	3
4	4	7	4	4
5	5	8	5	5
6	6	9	6	6
7	7	10	7	7
8	8	11	24	8
9	9	12	25	30
10	10	13	28	31
11	11	14	10	12
12	12	15	26	13
13	13	16	12	14
14	14	17	27	15
15	15	18	-	32
16	16	19	13	16
17	17	20	-	27
18	18	21	-	26
19	19	22	19	28
20	20	33	-	29
21	21	34	-	33
22	22	35	-	34
23	23	23	-	35

10 스보르도네의 편집본의 본문 순서를 따른다.

11 마세의 분류에서 I 유형의 α 사본군에 속하는 16세기 사본으로서, 처음 『피지올로구스』의 아르메니아어 역본을 편집하여 출판한 피트라(Jean-Baptiste Pitra)가 이 사본을 자기의 편집본에 활용하였다. Jean-Baptiste Pitra, *Spicilegium solesmense complectens Sanctorum Patrum scriptorumque ecclesiasticorum anecdota hactenus opera*, vol. 3 (Paris: Didot, 1855), 338-373. 스보르도네 역시 A 사본을 적극 참고하였다.

12 마세의 분류에서 I 유형의 α 사본군에 속하는 초기 유형의 사본으로서, 라틴어나 아르메니아어의 초기 역본과 구성·내용면에서 가장 유사하다. 마세는 이 사본을 『피지올로구스』의 가장 순수한 초창기 형태의 본문으로 보았다.

13 마세의 분류에서 I 유형의 β 사본군에 속하는 11-12세기 사본이다. 스보르도네는 이 사본을 가장 오래된 사본으로 보았으나, 오페르만스가 G 사본을 새롭게 소개함으로써 그 중요도는 다소 떨어지게 되었다.

14 10-11세기에 필사된 사본으로서, 마세의 분류에서 I 유형의 β 사본군에 속하며, 특히 β 사본군에 속하는 사본 중에서도 가장 오류가 적은 본문을 가지고 있어, 사본 간 대조에 주로 사용된다.

24	24	24	-	36
25	25	-	17	24
26	26	-	18	25
27	27	26	29	9
28	28	27	8	10
29	29	30	9	11
30	30	29	14	17
31	31	31	15	18
32	32	32	33	20
33	33	28	30	19
34	34	25	38	21
35	35	-	11	37-38[15]
36	36	3	20	23
37	37	4	37	40
38	38	-	34	39
39	39	5	16	22
40	40	-	-	47
41	41	-	31	48
42	42	-	-	41
43	43	-	23	42
44	44	-	36	43
45	45	-	32	44
46	46	-	35	45
47	47	-	21	46
48	48	-	22	-
49	-	-	-	49[16]

---

15 G 사본에서는 《비둘기》 본문이 둘로 나뉘는데, 하나는 《여러 색의 비둘기》이며, 다른 하나는 《매와 비둘기》이다. 전자는 37번, 후자는 38번에 해당한다.

16 오페르만스는 《뻐꾸기》가 최초 전승으로 전해지는 본문이 아니라고 밝힌다. 실제로 《뻐꾸기》를 본문에 추가하는 사본은 G 사본뿐이다. 이에 관하여 다음을 보라. Dieter Offermanns, *Der Physiologus nach den Handschriften G und M*, 162.

『피지올로구스』의 번역본들

『피지올로구스』가 가진 우화적 성격은 고대 그리스도교에 큰 인기를 불러왔다. 특히 자연 사물을 통한 신앙해설로서의 자연계시적 성격은 언어·문화의 차이를 뛰어넘는 보편성을 가졌으므로, 자연스럽게『피지올로구스』는 그리스도교의 전파와 맞물려 다양한 언어로 번역되었다. 또한 정경이 아니었기 때문에 자유롭게 본문이 추가되거나 생략되면서,『피지올로구스』는 각 나라의 환경에 적응하고 현지화되면서 그리스도교 신앙을 소개하기에 용이하였다.

『피지올로구스』가 번역된 주변 국가의 언어로는 크게 라틴어(Latin), 시리아어(Syriac), 아르메니아어(Armenian), 조지아어(Georgian), 아랍어(Arabic), 게에즈어(Ge'ez)[17], 콥트어(Coptic), 교회 슬라브어(Old Church Slavonic)가 있다.[18]

중세 라틴어『피지올로구스』는 중세 시대 가장 인기 있고 널리 읽힌 책 중 하나였다. 라틴어 역본은 최소 7세기에서 늦어도 8세기 중반에 번역된 것으로 보이며, 8세기 말에 편찬된 라틴어 백과사전의 일종인 Liber Glossarum에도 부분적으로 인용될 정도로 큰 인기를 끌었다.[19] 이러한 인기는 『피지올로구스』가 고대 및 중세의 고지 독일어나 영어, 고대 노르드어, 프

---

17 고대 에티오피아어의 방언 중 하나로서, 오늘날에는 에티오피아 테와히도 정교회(Ethiopian Orthodox Tewahedo Church) 등의 전례언어로 사용된다.

18 역본별 전승사에 관하여 다음의 각 장을 보라. Caroline Macé and Jost Gippert eds., ***The Multilingual Physiologus: Studies in the Oldest Greek Recension and Its Translations*** (Belgium: Brepols, 2021).

19 ***Liber Glossarum***은 카롤링거 르네상스의 위대한 유산 중 하나로서 중세 지식의 요약서(Compendium)로 불리며, 알파벳순으로 각 항목을 정리한 최초의 라틴어 백과사전으로 평가된다. 특히 이 책에는『피지올로구스』의 내용이 선택적으로 인용되어 있는데, 이는 현대의『피지올로구스』 연구에서 중요한 단서로 사용된다. 이런 사례로서 고를라(Silvia Gorla)는 ***Liber Glossarum***과 y 사본군의 본문을 대조하여, 라틴어 전통에서『피지올로구스』가 어떻게 수정되고 편집되었는지를 보여줌으로써, x 사본군의 텍스트를 새롭게 재구성하는 데 기여하였다. 이에 관하여 다음을 보라. Silvia Gorla, "Some Remarks about the Latin Physiologus Extracts Transmitted in the Liber Glossarum," ***Mnemosyne*** 71-1 (2018): 145–67.

랑스어, 이탈리아어 등 여러 지방 언어들로 번역되었다는 사실로 쉽게 알수 있으며, 『피지올로구스』에 담긴 신비한 내용은 그대로 중세 유럽의 독특한 설화들로 발전하였다. 라틴어 번역본의 주요 판본으로는 A, B, C, Y본 등이 있다. 이들 사본들은 대부분 8세기에서 10세기의 것들이다. 각 라틴어 본문들의 구성과 주요 사본 및 본서에서 참고한 주요 문헌들은 다음과 같다.[20]

라틴어 A본은 10세기 벨기에 사본이 유일본으로 전해진다(Koninklijke Bibliotheek van België, Ms. 10066-77). 총 36개의 우화로 구성되어 있으며, 아직 편집본이 출판되지 않았다. 맥컬록(McCulloch)이 제시한 우화 목록[21]에 따르면, Y본에 있는 '따오기', '돌무화과나무', '고래 아스피도켈로네', '대모리독수리', '개미사자', '족제비', '이집트몽구스', '까마귀', '제비', '사슴', '육지 개구리와 수생 개구리', '자석', '햇살 도마뱀' 등이 없고, C본에 있는 '수탉'과 '말'이 없다. 하지만 Y본과 C본에는 없고 B본에만 있는 '타조'를 포함하고 있다.

라틴어 B본은 8~9세기 사본이 존재한다. 총 34개의 우화로 구성되어 있다. 라틴어 B본의 편집본으로는 1851년에 출판된 캬이에(Cahier)[22]의 것과 1939년에 출판된 카모디(Camody)의 것[23]이 있다. 본서는 라틴어 B본의 본문으로 카모디(Camody)의 편집본을 사용하였다. 이 편집본에는 우화 번호가 37까지 있지만 34~37번 우화의 라틴어 본문은 소실되어 전해지지

---

20 라틴어 『피지올로구스』의 전승사에 관하여 자세한 내용은 다음을 보라. Shari Boodts, and Caroline Macé, "The Latin Tradition," in *The Multilingual Physiologus: Studies in the Oldest Greek Recension and Its Translations*, edited by Caroline Macé and Jost Gippert, 109-158.

21 Florence McCulloch, *Medieval Latin and French Bestiaries* (Chapel Hill: University of North Carolina Press, 1962), 26.

22 Charles Cahier, *Mélanges d'archéologie, d'histoire et de littérature*, vol. 2 (Paris: Poussielgue-Rusand, 1851).

23 Francis J. Carmody, *Physiologus Latinus: Éditions préliminaires versio B* (Paris: Librairie E. Droz, 1939).

않는다. Y본과 C본에는 없고 A본에 있는 '타조'를 포함하고 있다. 라틴어 C본은 9~10세기 사본이 존재한다. 총 32개 우화로 구성되어 있다. 라틴어 C본의 편집본으로는 캬이에(Cahier)의 것[24]과 2010년에 출판된 게버트(Gebert)의 것[25]이 있다.

라틴어 C본은 A본과 B본과 Y본에는 없는 '수탉'과 '말'을 포함하고 있다. 라틴어 Y본은 9세기 사본이 가장 이른 사본이다. 총 49개의 우화로 구성되어 있다. 라틴어 Y본의 편집본으로는 1944년에 출판된 카모디(Camody)의 것[26]이 있으며, 번역으로는 1979년에 출판된 컬리(Curley)의 영어 번역본[27]이 있다.

그리스어 우화 제목과 순서

본서에서 언급되거나 인용되고 있는 그리스어 판본은 스보르도네(Sbordone)이 1936년에 출판한 편집본[28]과 오페르만스(Offermanns)가 1966년에 독일어 번역과 함께 출판한 편집본[29]과 쇈베르거(Schönberger)가 2001

---

24 캬이에는 B본의 편집본과 함께 C본을 제시하고 있다.

25 Bent Gebert, "Der Satyr im Bad: Textsinn und Bildsinn in der Physiologus-Handschrift Cod. Bongarsianus 318 der Burgerbibliothek Bern, mit einer Edition der Versio C des Physiologus latinus," *Mittellateinisches Jahrbuch* 45 (2010), 353–403.

26 Francis J. Carmody, "Physiologus Latinus Versio Y," *University of California Publications in Classical Philology*, vol. 12 (1933-1944) (Berkeley and Los Angeles: University of California Press, 1944), 95-134.

27 Michael J. Curley, *Physiologus: A Medieval Book of Nature Lore* (Austin, TX: University of Texas Press, 1979) [repr. Chicago, IL: University of Chicago, 2009].

28 Francesco Sbordone, *Physiologus* (Mediolanum: In Aedibus Societatis Dante Alighieri Albrighi, Segati et c., 1936) [repr. Hildesheim, Zürich, New York: Olms, 1991].

29 Dieter Offermanns, *Der Physiologus nach den Handschriften G und M* (Meisenheim am Glan: Anton Hain Verlag, 1966).

년에 독일어 번역과 함께 출판한 편집본[30] 등이다. 본서의 우화 순서와 그리스어 본문은 쇤베르거의 편집본을 따랐다. 이 외에 추가된 본문은 '독사'의 Gr10-2[31], '세이렌과 히포켄타우로스'의 Gr13-2[32], '사슴'의 Gr30-2[33], '살라만드라'의 Gr31-3[34], '제비'의 Gr33-3[35], '부싯돌'의 Gr37-2[36], '마노석과 진주'의 Gr44-2, Gr44-3[37]은 스보르도네의 것이며, '돌무화과나무'의 Gr48[38]은 오페르만스의 것이다. 후대 비잔틴 사본들에 포함되어 있는 '해마', '공작새', '황새', '딱따구리', '산토끼' 등 5개의 우화는 라틴어본에는 없다. 본서의 그리스어 번역본에 표기된 그리스어 본문의 우화 순서와 제목 그리고 관된 라틴어 본문과의 비교표는 아래와 같다.[39]

우화 번호 (Gr)	우화 제목	그리스어 제목	라틴어 제목	라틴어 Y본 번호	라틴어 B본 번호	라틴어 C본 번호
1	사자	λέων	leo	1	1	1
2	햇살 도마뱀	σαύρα ἡλιακή	aesaure elicae, anguilla solis, lacerta, saura eliace	49	37	2
3	물떼새	χαραδριός	charadrius, calatrius	5	5	3
4	펠리칸	πελεκάνος	pelicanus	6	6	4
5	해오라기	νυκτικόραξ	nicticorax, nocticorax, nycticorax	7	7	5
6	독수리	ἀετός	aquila	8	8	6

---

30 Otto Schönberger, *Physiologus Griechisch/Deutsch* (Stuttgart: Philipp Reclam, 2001).

31 Francesco Sbordone, *Physiologus*, 36.

32 Ibid., 54.

33 Ibid., 100.

34 Ibid., 103.

35 Ibid., 107.

36 Ibid., 119.

37 Ibid., 136-137.

38 Dieter Offermanns, *Der Physiologus nach den Handschriften G und M*, 158.

39 그리스어 사본에는 각 우화에 해당하는 그림이 없으나, 이해를 돕기 위해 프랑스국립도서관의 라틴어 사본 (Bnf Latin 2843E fols. 64r-79v)에 수록된 그림을 삽입하였다: https://gallica.bnf.fr/ark:/12148/btv 1b104647695.r=Bnf%20Latin%202843E?rk=21459;2.

7	피닉스	φοῖνιξ	phenix	9	9	
8	후투티	ἔποψ	epope, upupa, yppopus	10	10	7
9	들나귀	ὄναγρος	onager	11		
10-1 10-2	독사	ἔχιδνα	vipera	12		8
11	뱀	ὄφις	serpens	13		9, 10, 11
12	개미	μύρμηξ	formica	14	11	12, 13, 14
13-1 13-2	세이렌과 히포켄타우로스	Σειρήν ἱπποκένταυρος	serena, sirena, syrena honocentaurus, honotaurus, onocentaurus	15	12	15
14	고슴도치	ἐχῖνος	ericius, herinacius, yricius	16	13	16
15	여우	ἀλώπηξ	vulpis	18	15	17
16	표범	πάνθηρ	panther, panthera	29	23	18
17	고래 아스피도 켈로네	ἀσπιδοχελώνη	aspidoceleon, aspidochelone, aspidohelune, aspischelone	30	24	19, 20
18	자고새	πέρδιξ	perdix	31	25	
19	대머리독수리	γύψ	vultur	32		
20	개미사자	μυρμηκολέων	mirmicoleon	33		
21	족제비	γαλέη	mustela	34	26	
22	유니콘	μονόκερως	monoceras, monoceros, unicornis	35	16	21
23	비버	κάστωρ	castor	36	17	
24	하이에나	ὕαινα	hyaena, hyena	37	18	
25	수달	ἔνυδρος	niluus, hydrus	38	19	
26	이집트몽구스	ἰχνεύμων	echinemon	39		
27	까마귀	κορώνη	cornicola	40		
28	산비둘기	τρυγών	turtur	41	28	
29	육지 개구리와 수생 개구리	χερσαῖος βάτραχος ἔνυδρος βάτραχος	cersea rana aquatica rana	44		
30-1 30-2	사슴	ἔλαφος	cervus	43	29	22
31-1 31-2 31-3	살라만드라	σαλαμάνδρα	salamandra , stellio	45	30	23
32	금강석 1	ἀδαμάντινος λίθος	adamantinus lapis	47		
33-1 33-2 33-3	제비	χελιδών	hyrundo	42		

34	페리덱시온 나무	περιδέξιον δένδρον	peredexion, peredixion, peridexion arbor	19	32	24
35	비둘기	περιστερά	columba	48	31	
36	영양	ὕδρωψ	antelups, autolops, autolopus	2	2	25
37-1 37-2	부싯돌	πυροβόλος λίθος	ignifer, pirobolus lapis	3	3	
38	자석	μαγνήτος λίθος	magnis lapis	46		
39	톱상어	πρίων	serra	4	4	26
40	따오기	ἴβις	ibis	17	14	
41	노루	δόρκων	caprea, dorchon, dorcon	21	20	
42	금강석 2	ἀδάμας	adamantinus lapis	24		
43	코끼리	ἐλέφας γεργελέφας	elephas, elephans, eliphans tragelaphus	20	33	27, 28
44-1 44-2 44-3	마노석과 진주	ἀχάτης μαργαρίτης	achates lapis, achatis lapis margarita	22 23		29
45	들나귀와 원숭이	ὄναγρος πίθηκος	onager simius, simia	25	21	
46	인도석	ἰνδικός λίθος βατράχιος λίθος	indicus lapis sindicus lapis	26		30
47	왜가리	ερωδιός	herodius , fulica	27	22	
48	돌무화과나무	συκάμινος	psycomora	28		
49	뻐꾸기	κόκκυξ				
50 Byz1	해마	ὕδριππος				
51 Byz2	공작새	ταὼν				
52 Byz3	황새	πελαργὸς				
53 Byz4	딱따구리	δενδροκόλαφος				
54 Byz5	산토끼	λαγωός				

참고문헌

곽문석, 이삭. 『피지올로구스 라틴어본 역주: 중세 그리스도교 우화집』. 서울: 동문연, 2024.

Aelian. *On Animals*, Volume I: Books 1-5. Translated by A. F. Scholfield. Loeb Classical Library 446. Cambridge, MA: Harvard University Press, 1958.

Aelian. *On Animals*, Volume II: Books 6-11. Translated by A. F. Scholfield. Loeb Classical Library 448. Cambridge, MA: Harvard University Press, 1959.

Aelian. *On Animals*, Volume III: Books 12-17. Translated by A. F. Scholfield. Loeb Classical Library 449. Cambridge, MA: Harvard University Press, 1959

Aristotle. *History of Animals*, Volume I: Books 1-3. Translated by A. L. Peck. Loeb Classical Library 437. Cambridge, MA: Harvard University Press, 1965.

Aristotle. *History of Animals*, Volume II: Books 4-6. Translated by A. L. Peck. Loeb Classical Library 438. Cambridge, MA: Harvard University Press, 1970.

Aristotle. *History of Animals*, Volume III: Books 7-10. Edited and translated by D. M. Balme. Loeb Classical Library 439. Cambridge, MA: Harvard University Press, 1991.

Cahier, Charles. *Mélanges d'archéologie, d'histoire et de littérature*, Volume 2. Paris: Poussielgue-Rusand, 1851.

Carmody, Francis J. *Physiologus Latinus: Éditions préliminaires versio B*. Paris: Librairie E. Droz, 1939.

Carmody, Francis J. "Physiologus Latinus Versio Y." *University of California Publications in Classical Philology*, Volume 12. Berkeley and Los Angeles: University of California Press, 1944.

Clement of Rome. *Epistola ad Corinthios*. Edited by Annie Jaubert. Sources Chrétiennes 167. Paris: Les Éditions du Cerf, 1971.

Clark, Willene B. *A Medieval Book of Beasts: The Second-family Bestiary. Commentary, art, text and translation*. Woodbridge: Boydell, 2006.

Clark, Willene B. *The Medieval book of birds: Hugh of Fouilloy's Aviarium*. Binghamton, NY: Medieval & Renaissance Texts & Studies, 1992.

Curley, Michael J. *Physiologus. A Medieval Book of Nature Lore*. Austin, TX: University of Texas Press, 1979 [repr. Chicago, IL: University of Chicago, 2009].

Gebert, Bent. "Der Satyr im Bad: Textsinn und Bildsinn in der Physiologus-Handschrift Cod. Bongarsianus 318 der Burgerbibliothek Bern, mit einer Edition der Versio C des Physiologus latinus." *Mittellateinisches Jahrbuch* 45 (2010): 353–403.

Lucan. *The Civil War (Pharsalia)*. Translated by J. D. Duff. Loeb Classical Library 220. Cambridge, MA: Harvard University Press, 1928.

Macé, Caroline and Jost Gippert. *The Multilingual Physiologus: Studies in the Oldest Greek Recension and Its Translations*. Belgium: Brepols, 2021.

McCulloch, Florence. *Medieval Latin and French Bestiaries*. Chapel Hill: University of North Carolina Press, 1962.

Migne, Jacques-Paul ed. *Patrologiae cursus completus*, Series Latina, Volume 177. Paris: Garnier, 1854.

Offermanns, Dieter. *Der Physiologus nach den Handschriften G und M*. Meisenheim am Glan: Anton Hain, 1966.

Orbán, A. P. *Novus Phisiologus: Nach Hs. Darmstadt 2780*. Leiden: Brill, 1989.

Pliny the Elder. *Natural History*, Volume II: Books 3-7. Translated by H. Rackham. Loeb Classical Library 352. Cambridge, MA: Harvard University Press, 1942.

Pliny the Elder. *Natural History*, Volume III: Books 8-11. Translated by H. Rackham. Loeb Classical Library 353. Cambridge, MA: Harvard University Press, 1940.

Pliny the Elder. *Natural History*, Volume VIII: Books 28-32. Translated by W. H. S. Jones. Loeb Classical Library 418. Cambridge, MA: Harvard University Press, 1963.

Sbordone, Francesco. *Physiologus*. Mediolanum: In Aedibus Societatis Dante Alighieri Albrighi, Segati et c., 1936 [repr. Hildesheim, Zürich, New York: Olms, 1991].

Schönberger, Otto. *Physiologus Griechisch/Deutsch*. Stuttgart: Philipp Reclam, 2001.

Scott, Alan. "The Date of the Physiologus." *Vigiliae Christianae* 52-4 (1998): 430-441.

Solinus. *De mirabilibus mundi*. Edited by Theodor Mommsen. *C. Iulii Solini collectanea rerum memorabilium*. Hildesheim: Weidmannsche Buchhandlung, 1999.

제2부

———————

피지올로구스 번역

1. 사자

Gr1 Y1 B1 C1

Gr1. Περὶ τοῦ λέοντος

Ἀρξόμεθα λαλῆσαι περὶ τοῦ λέοντος, τοῦ βασιλέως τῶν θηρίων [ἤτοι ζῴων]. Καὶ γὰρ ὁ Ἰακώβ, εὐλογῶν τὸν Ἰούδα, ἔλεγε· "σκύμνος λέοντος Ἰούδα, ἐκ βλαστοῦ, υἱέ μου, ἀνέβης·"[1] καὶ τὰ ἑξῆς. Ὁ Φυσιολόγος ἔλεξε περὶ τοῦ λέοντος, ὅτι τρεῖς φύσεις ἔχει. πρώτη αὐτοῦ φύσις ἐστὶν αὕτη· ὅταν περιπατῇ ἐν τῷ ὄρει, ἔρχηται αὐτῷ ὀσμὴ τῶν κυνηγῶν, καὶ τῇ οὐρᾷ αὐτοῦ συγκαλύπτει αὐτοῦ τὰ ἴχνη, ἵνα μὴ ἀκολουθοῦντες τοῖς ἴχνεσιν αὐτοῦ οἱ κυνηγοὶ εὕρωσιν αὐτοῦ τὴν μάνδραν καὶ πιάσωσιν αὐτόν.

---

1 창 49.9: *σκύμνος λέοντος Ιουδα ἐκ βλαστοῦ υἱέ μου ἀνέβης ἀναπεσὼν ἐκοιμήθης ὡς λέων καὶ ὡς σκύμνος τίς ἐγερεῖ αὐτόν*.

Gr1. 사자에 관하여

짐승 [즉 동물]의 왕인 사자에 관하여 이야기해 봅시다. 야곱은 유다를 축복하며 말했습니다. "유다는 사자 새끼로다. 내 아들아, 너는 새싹에서부터 솟아오르는구나." 기타 등등. 피지올로구스[2]가 사자에 관하여 말하기를, 사자는 세 가지 특성을 가지고 있다고 합니다. 사자의 첫째 특성은 이러합니다. 사자가 길을 가다가 사냥꾼들의 냄새가 그에게 도달하면, 자기의 꼬리로 자기의 흔적을 지웁니다. 그리하여 사냥꾼들은 사자의 흔적을 따라오지 못하여 그의 거주지를 찾아내지 못하고 그를 잡지 못합니다.

Οὕτω καὶ ὁ Σωτὴρ ἡμῶν, ὁ νοερὸς λέων νικήσας, ἐκ φυλῆς Ἰούδα, ἡ ῥίζα Δαυίδ, ἀποσταλεὶς ἀπὸ τοῦ ἀοράτου Πατρός, ἐκάλυψε τὰ νοερὰ ἴχνη αὐτοῦ, τουτέστι τὴν θεότητα. Μετὰ ἀγγέλων ἄγγελος ἐγένετο, μετὰ ἀρχαγγέλων ἀρχάγγελος, μετὰ θρόνων θρόνος, μετὰ ἐξουσιῶν ἐξουσία, ἕως καταβάσεως αὐτοῦ· καὶ ἦλθεν εἰς τὴν μήτραν τῆς ἁγίας παρθένου Μαρίας, ὅπως σώσῃ τὸ πεπλανημένον γένος τῶν ἀνθρώπων, "καὶ ὁ Λόγος σὰρξ ἐγένετο καὶ ἐσκήνωσεν ἐν ἡμῖν."[3] ἐκ τούτου οὖν ἀγνοοῦντες αὐτὸν ἄνωθεν κατελθόντες, ἔλεγον· "τίς ἐστιν οὗτος ὁ βασιλεὺς τῆς δόξης;" εἶτα τὸ ἅγιον Πνεῦμα λέγει· "Κύριος τῶν δυνάμεων, αὐτός ἐστιν ὁ βασιλεὺς τῆς δόξης."[4]

---

2 'Φυσιολόγος'(피시올로고스)는 라틴어 'Physiologus'(피지올로구스)로 번역되고 있으며, 문자적으로는 '자연학자'를 의미한다. 한글 번역에서는 '피지올로구스'로 통일하였다.

3 요 1.14: *Καὶ ὁ λόγος σὰρξ ἐγένετο καὶ ἐσκήνωσεν ἐν ἡμῖν*, καὶ ἐθεασάμεθα τὴν δόξαν αὐτοῦ, δόξαν ὡς μονογενοῦς παρὰ πατρός, πλήρης χάριτος καὶ ἀληθείας.

4 시 24.10(LXX 23.10): τίς ἐστιν οὗτος ὁ βασιλεὺς τῆς δόξης *κύριος τῶν δυνάμεων αὐτός ἐστιν ὁ βασιλεὺς τῆς δόξης*.

이렇게 승리하신 가지적(可知的)인[5] 사자이시고, 유다 지파 출신이시며, 다윗의 뿌리이신, 우리의 구원자께서도 보이지 않으시는 아버지로부터 보냄을 받으시어, 그분의 가지적(可知的)인 흔적, 곧 신성을 숨기셨습니다. 그분은 강림하시기까지, 천사들과 함께 천사로 계셨고, 대천사들과 함께 대천사로 계셨으며, 권좌들과 함께 권좌로 계셨고, 권세들과 함께 권세로 계셨습니다. 그리고 거룩한 동정녀 마리아의 태에 오셨습니다. 이는 방황하는 인류를 구원하시기 위함입니다. "말씀이 육신이 되어 우리 가운데 거하셨습니다." 그러므로 이 때문에 하늘로부터 내려온 이들은 그분을 몰라보고 말했습니다. "누가 영광의 왕이신가?" 그러자 성령께서 말씀하십니다. "권능의 주님, 그분이 곧 영광의 왕이시로다."

Δευτέρα φύσις τοῦ λέοντος. ὅταν καθεύδῃ ὁ λέων ἐν τῷ σπηλαίῳ, ἀγρυπνοῦσιν αὐτοῦ οἱ ὀφθαλμοί· ἀνεῳγμένοι γάρ εἰσι. καὶ ἐν τοῖς Ἄισμασιν ὁ Σολομὼν μαρτυρεῖ λέγων· "ἐγὼ καθεύδω, καὶ ἡ καρδία μου ἀγρυπνεῖ."[6] Οὕτω καὶ τὸ μὲν σῶμα τοῦ Κυρίου μου καθεύδει ἐπὶ τοῦ σταυροῦ, ἡ δὲ θεότης αὐτοῦ ἐκ δεξιῶν τοῦ Θεοῦ καὶ Πατρὸς ἀγρυπνεῖ· "οὐ γὰρ νυστάξει οὐδὲ ὑπνώσει ὁ φυλάσσων τὸν Ἰσραήλ."[7]

사자의 두 번째 특성(은 이러합니다). 사자가 동굴에서 잠을 잘 때, 그의 눈은 깨어 있습니다. 눈이 열려있기 때문입니다. 솔로몬은 아가에서 증언하여 말하였습니다. "내가 잠을 잘지라도 마음은 깨어있다." 그렇게 나의 주님의

---

5 피지올로구스에서 '가지적(可知的)'이라는 표현이 여러 번 등장한다. 서양 고대 철학의 개념에서, 가지적이란 감각을 통해 지각되는 감각적인 실재가 아니라 지성을 통해 인식되는 이데아의 세계나 비물질적이고 지성적인 실재를 나타낸다. 본문에서는 감각적 실재에 대한 문자 그대로의 의미를 넘어서는 영적인 의미를 가진다.

6 아 5.2a: ἐγὼ καθεύδω καὶ ἡ καρδία μου ἀγρυπνεῖ φωνὴ ἀδελφιδοῦ μου κρούει.

7 시 121.4(LXX 120.4): ἰδοὺ οὐ νυστάξει οὐδὲ ὑπνώσει ὁ φυλάσσων τὸν Ἰσραηλ.

몸도 한편으로는 십자가 위에서 잠드시지만, 다른 한편으로 그분의 신성은 하나님 아버지의 오른편에서 깨어 계셨습니다. "이스라엘을 지키시는 자는 졸지도 아니하시고 주무시지도 아니하신다."

Τρίτη φύσις τοῦ λέοντος. ὅταν ἡ λέαινα γεννᾷ τὸν σκύμνον, νεκρὸν αὐτὸν γεννᾷ, καὶ περιτηρεῖ τὸ τέκνον, ἕως οὗ ὁ πατὴρ ἐλθὼν τῇ τρίτῃ ἡμέρᾳ, ἐμφυσήσει αὐτῷ εἰς τὸ πρόσωπον, καὶ ἐγερεῖ αὐτόν. Οὕτω καὶ ὁ Θεὸς ἡμῶν ὁ παντοκράτωρ, ὁ Πατὴρ τῶν ὅλων, τῇ τρίτῃ ἡμέρᾳ ἐξήγειρε τὸν πρωτότοκον υἱὸν αὐτοῦ τὸν πρὸ πάσης κτίσεως, τὸν Κύριον ἡμῶν Ἰησοῦν Χριστὸν ἐκ τῶν νεκρῶν, ὅπως σώσῃ τὸ πεπλανημένον γένος τῶν ἀνθρώπων.
Καλῶς οὖν ὁ Ἰακὼβ ἔλεγεν· "ἀναπεσὼν ἐκοιμήθη ὡς λέων καὶ ὡς σκύμνος· τίς ἐγερεῖ αὐτόν;"[8]

사자의 세 번째 특성(은 이러합니다). 암사자가 새끼를 낳을 때, 사산(死産)하면, 암사자는 삼일째에 그 새끼의 아비가 올때까지 그 새끼를 지키며, 아비는 (그 새끼의) 얼굴에 숨을 불어넣고, 그를 일으킵니다. 그렇게 전능자이신 우리 하나님, 만유의 아버지께서도 셋째 날에 모든 피조물보다 앞서신 그분의 첫째 아들, 곧 우리 주 예수 그리스도를 죽은 자들 가운데서 일으키셨으니, 이는 방황하는 인류를 구원하시기 위함입니다.
그러므로 야곱은 잘 말해주었습니다. "그는 사자처럼 그리고 (사자)새끼처럼 웅크려 누워있도다. 누가 그를 일으키겠는가?"

8　창 49.9: σκύμνος λέοντος Ιουδα ἐκ βλαστοῦ υἱέ μου ἀνέβης *ἀναπεσὼν ἐκοιμήθης ὡς λέων καὶ ὡς σκύμνος τίς ἐγερεῖ αὐτόν*.

2. 햇살 도마뱀

Gr2. Περὶ σαύρας ἡλιακῆς

Ἔστι σαύρα καλουμένη ἡλιακή, ὥς φησιν ὁ Φυσιολόγος. ὅταν οὖν γηράσῃ, ἐμποδίζεται τοὺς ὀφθαλμοὺς καὶ πηροῦται, μὴ βλέπουσα τοῦ ἡλίου τὸ φῶς. τί οὖν ποιεῖ ἐν ἑαυτῇ ἡ καλὴ φύσις; ζητεῖ τοῖχον βλέποντα τὴν ἀνατολήν, καὶ εἰσέρχεται εἰς τὴν ῥαγάδα τοῦ τοίχου βλέπουσα τὴν ἀνατολήν· καὶ ἀνατέλλοντος τοῦ ἡλίου, ἀνοίγονται αὐτῆς οἱ ὀφθαλμοί, καὶ γίνονται πάλιν ὑγιεῖς.

Τοῦτον οὖν τὸν τρόπον καὶ σύ, ὦ ἄνθρωπε, εἰ τὸ τοῦ παλαιοῦ ἀνθρώπου ἔχεις ἔνδυμα καὶ οἱ ὀφθαλμοὶ τῆς καρδίας σου ἀμβλυωποῦσι, ζήτησον ἀνατέλλοντα τὸν ἥλιον τῆς δικαιοσύνης[9], Χριστὸν τὸν Θεὸν ἡμῶν, οὗ τὸ ὄνομα ἀνατολὴ[10] καλεῖται ἐν τῷ προφήτῃ, καὶ αὐτὸς ἀνοίξει τοὺς ὀφθαλμοὺς τῆς καρδίας σου.

---

9 말 4.2(LXX 3.20): καὶ ἀνατελεῖ ὑμῖν τοῖς φοβουμένοις τὸ ὄνομά μου **ἥλιος δικαιοσύνης** καὶ ἴασις ἐν ταῖς πτέρυξιν αὐτοῦ καὶ ἐξελεύσεσθε καὶ σκιρτήσετε ὡς μοσχάρια ἐκ δεσμῶν ἀνειμένα.

10 슥 6.12a: καὶ ἐρεῖς πρὸς αὐτόν τάδε λέγει κύριος παντοκράτωρ ἰδοὺ ἀνήρ **Ἀνατολὴ ὄνομα αὐτῷ**.

Gr2. 햇살 도마뱀에 관하여

피지올로구스가 말하는 바와 같이, 햇살 도마뱀이라고 불리는 동물이 있습니다. 햇살 도마뱀은 늙으면 햇빛을 보지 못하면서 눈에 장애가 생기고 멀게 됩니다. 그러면 그의 선한 본성은 스스로 무엇을 할까요? 그는 동쪽을 향하는 벽을 찾아, 동쪽을 바라보며 그 벽의 틈으로 들어갑니다. 그리고 해가 뜰 때, 그의 눈이 떠지고, 그는 다시 건강해집니다.

오 사람이여, 그러므로 그대도 이렇게, 만일 옛 사람의 옷을 입고서 그대의 마음의 눈이 어두워진다면, 떠오르는 의의 태양이신, 우리 하나님 그리스도를 찾으십시오. 그분의 이름은 돋는 해(동쪽)라고 선지서에서 불렸으니, 그분이 그대의 마음의 눈을 여실 것입니다.

3. 물떼새

Gr3. Περὶ χαραδριοῦ

Ἔστι πετεινὸν λεγόμενον χαραδριός, ὡς ἐν τῷ Δευτερονομίῳ γέγραπται. Ὁ Φυσιολόγος ἔλεξε περὶ αὐτοῦ ὅτι ὁλόλευκόν ἐστι τὸ πετεινόν, μὴ ἔχον ὅλως μελανίαν, καὶ τὰ ἔνδοθεν αὐτοῦ ἀφοδεύματα θεραπεύει τοὺς ἀμβλυωποῦντας ὀφθαλμούς· ἐν δὲ ταῖς αὐλαῖς τῶν βασιλείων εὑρίσκεται.

Ἐάν τις ᾖ νοσῶν, ἐκ τοῦ χαραδριοῦ γινώσκεται ἢ ζῇ ἢ ἀποθνήσκει· φέρουσι γὰρ αὐτὸν ἔμπροσθεν τοῦ νοσοῦντος ἐν τῇ κλίνῃ, καὶ ἐὰν ἡ νόσος τοῦ ἀνθρώπου ᾖ πρὸς θάνατον, ἀποστρέφει ὁ χαραδριὸς τὸ πρόσωπον αὐτοῦ ἀπὸ τοῦ νοσοῦντος καὶ πάντες γινώσκουσιν ὅτι ἀποθνήσκει· ἐὰν δὲ ἡ νόσος τοῦ ἀνθρώπου ᾖ πρὸς ζωήν, ἀτενίζει ὁ χαραδριὸς τῷ νοσοῦντι καὶ ὁ νοσῶν τῷ χαραδριῷ, καὶ καταπίνει ὁ χαραδριὸς τὴν νόσον τοῦ νοσοῦντος, καὶ ἀνίπταται εἰς τὸν αἰθέρα τοῦ ἡλίου, καὶ καίει τὴν νόσον τοῦ νοσοῦντος ἀνθρώπου, καὶ σκορπίζει αὐτήν, καὶ σῴζεται ὅ τε χαραδριὸς καὶ ὁ νοσῶν ἅμα.

Gr3. 물떼새에 관하여

신명기에 기록된 것처럼, 물떼새[11]라고 불리는 새가 있습니다. 피지올로구스가 그것에 관하여 말하기를, 그 새는 온통 하얗고, 거무스름함은 하나도 없고, 그 새의 내장 배설물은 어두워진 눈을 치유합니다. 이 새는 왕들의 궁정에서 발견됩니다.

만일 누군가 병들었다면, 물떼새에게서 그가 살지 죽을지 알 수 있습니다. 사람들은 그것을 침상에 있는 병든 자 앞에 데려가는데, 만일 그 사람의 병이 죽음을 향한다면, 물떼새는 자기의 얼굴을 병든 자로부터 돌려버리고, 모두는 그 병자가 죽을 것임을 알게 됩니다. 그러나 만일 그 사람의 병이 생명을 향한다면(회생할 수 있는 것)이라면, 물떼새는 그 병든 자를 그리고 그 병든 자는 물떼새를 응시하는데, 물떼새는 병든 자의 병을 흡수해버리고, 태양이 있는 공중으로 날아 올라가서, 병든 사람의 병을 불태워버리고 흩어버립니다. 그리고 물떼새와 병든 자는 함께 살아납니다.

Καλὸν οὖν ἐστι λαβεῖν τοῦτο εἰς πρόσωπον τοῦ Σωτῆρος· ὁλόλευκος γάρ ἐστιν ὁ Κύριος ἡμῶν, μὴ ἔχων ὅλως μελανίαν· εἶπε γὰρ ὅτι "ἐλεύσεται ὁ ἄρχων τοῦ κόσμου τούτου, καὶ ἐν ἐμοὶ εὑρήσει οὐδέν."[12] ἐλθὼν γὰρ ὁ

---

11   신명기 14장 18-19절 참조. 개역개정판에는 '황새'라고 번역되어 있다.

12   요 14.30: οὐκέτι πολλὰ λαλήσω μεθ' ὑμῶν, *ἔρχεται γὰρ ὁ τοῦ κόσμου ἄρχων· καὶ ἐν ἐμοὶ οὐκ ἔχει*

Κύριος ἐκ τῶν οὐρανῶν πρὸς τοὺς Ἰουδαίους, ἀπέστρεψεν ἀπ' αὐτῶν τὴν θεότητα· ἐλθὼν δὲ καὶ πρὸς ἡμᾶς τὰ ἔθνη καὶ ἄρας ἡμῶν τὰς ἀσθενείας καὶ τὰς νόσους βαστάσας, ὑψώθη ἐπὶ τοῦ ξύλου τοῦ σταυροῦ, καὶ πάσας ἡμῶν τὰς ἀσθενείας καὶ ἁμαρτίας ἐξήλειψεν· "ἀναβὰς γὰρ εἰς ὕψος, ᾐχμαλώτευσεν αἰχμαλωσίαν."[13]

Ἀλλ' ἐρεῖς μοι ὅτι ὁ χαραδριὸς ἀκάθαρτός ἐστι κατὰ τὸν Νόμον, καὶ πῶς φέρεται εἰς πρόσωπον τοῦ Σωτῆρος; καὶ ὁ ὄφις ἀκάθαρτός ἐστι, καὶ ἐμαρτύρησεν Ἰωάννης, λέγων ὅτι "καθὼς Μωϋσῆς ὕψωσε τὸν ὄφιν ἐν τῇ ἐρήμῳ, οὕτως ὑψωθῆναι δεῖ τὸν Υἱὸν τοῦ ἀνθρώπου."[14] διπλᾶ γάρ ἐστι τὰ κτίσματα, ἐπαινετὰ καὶ ψεκτά.

Καλῶς οὖν ὁ Φυσιολόγος ἔλεξε περὶ τοῦ χαραδριοῦ.

그러므로 이 새는 구원자의 모습을 보여주기에 좋습니다. 왜냐하면 우리 주님은 온통 하얗고, 거무스름함이 없으시기 때문입니다. 그가 이렇게 말씀하셨기 때문입니다. "이 세상의 임금이 올 것이다. 하지만 그는 내게서 어떤 것도 발견하지 못할 것이다." 주님은 하늘로부터 유대인들에게 오셨지만, 그 신성을 그들에게서 돌이키셨습니다. 그러나 우리 이방인들에게도 오셔서, 우리의 연약함을 없애시고 병을 짊어지신 채, 십자가 나무에 올려지셨고, 우리의 모든 연약함과 죄악을 닦아내셨습니다. "그는 높은 곳으로 오르시어, 사로잡힘(사로잡힌 자)을 사로잡으셨다."

그러나 그대는 나에게 "물떼새는 율법에 따르면 부정하거늘, 어떻게 구원

οὐδέν.

13 시 68.18(LXX 67.19): *ἀνέβης εἰς ὕψος ᾐχμαλώτευσας αἰχμαλωσίαν* ἔλαβες δόματα ἐν ἀνθρώπῳ καὶ γὰρ ἀπειθοῦντες τοῦ κατασκηνῶσαι κύριος ὁ θεὸς εὐλογητός.

14 요 3.14: Καὶ *καθὼς Μωϋσῆς ὕψωσεν τὸν ὄφιν ἐν τῇ ἐρήμῳ, οὕτως ὑψωθῆναι δεῖ τὸν υἱὸν τοῦ ἀνθρώπου.*

자의 모습을 담을 수 있는가?"라고 묻습니다. 뱀은 부정합니다. 그러나 요한은 증언하였습니다. "모세가 광야에서 뱀을 들어올림 같이, 사람의 아들도 들려야 하리라." 피조물은 양면성을 가지고 있으니, 칭송받을 것도 있고 비난받을 것도 있습니다.

그러므로 피지올로구스는 물떼새에 관하여 잘 설명해 주었습니다.

4. 펠리칸

Gr4. Περὶ πελεκάνου

Καλῶς ὁ Δαυὶδ λέγει· "ὡμοιώθην πελεκᾶνι ἐρημικῷ."[15] ὁ Φυσιολόγος ἔλεξε περὶ τοῦ πελεκάνου ὅτι φιλότεκνός ἐστι πάνυ· ὅταν γεννᾷ τοὺς νεοσσοὺς καὶ ὀλίγον αὐξήσωσι, τύπτουσιν εἰς τὸ πρόσωπον τῶν γονέων· οἱ δὲ γονεῖς κολαφίζουσι τὰ τέκνα καὶ ἀποκτείνουσιν. ὕστερον δὲ σπλαγχνίζονται οἱ τούτων γονεῖς, καὶ τρεῖς ἡμέρας πενθοῦσι τὰ τέκνα ἃ ἀπέκτειναν. τῇ οὖν τρίτῃ ἡμέρᾳ ἡ τούτων μήτηρ ἑαυτῆς τὰς πλευρὰς ἀναπτύσσει, καὶ τὰ αἵματα αὐτῆς στάζοντα ἐπὶ τὰ νεκρὰ σώματα τῶν

---

15 시 102.6(LXX 101.7): *ὡμοιώθην πελεκᾶνι ἐρημικῷ* ἐγενήθην ὡσεὶ νυκτικόραξ ἐν οἰκοπέδῳ.

νεοσσῶν ἐγείρει αὐτά.
Οὕτω καὶ ὁ Κύριος ἐν τῷ Ἡσαΐᾳ εἶπεν· "υἱοὺς ἐγέννησα καὶ ὕψωσα, αὐτοὶ δέ με ἠθέτησαν."[16] ἐγέννησεν ἡμᾶς ὁ δημιουργὸς πάσης κτίσεως, καὶ ἐτύψαμεν αὐτόν· πῶς οὖν ἐτύψαμεν; ἐλατρεύσαμεν τῇ κτίσει παρὰ τὸν κτίσαντα.[17] ἀνελθὼν οὖν ἐπὶ τὸ ὕψωμα τοῦ σταυροῦ ὁ Σωτὴρ ἡμῶν καὶ ἀνοίξας τὴν ἑαυτοῦ πλευράν, ἔσταξε τὸ αἷμα καὶ τὸ ὕδωρ εἰς σωτηρίαν καὶ ζωὴν αἰώνιον· τὸ μὲν αἷμα διὰ τὸν εἰπόντα· "λαβὼν τὸ ποτήριον εὐλόγησε,"[18] τὸ δὲ ὕδωρ ἐπὶ τὸ βάπτισμα τῆς μετανοίας.
Καλῶς οὖν ὁ Φυσιολόγος ἔλεξε περὶ τοῦ πελεκάνου.

Gr4. 펠리칸에 관하여

다윗이 잘 말하였습니다. "나는 광야의 펠리칸[19]을 닮았도다." 피지올로구스는 펠리칸에 관하여 말하기를 펠리칸이 새끼를 매우 사랑한다고 합니다. 펠리칸이 새끼들을 낳고 새끼들이 조금 자라나면, 새끼들은 부모의 얼굴을 쫍니다. 그러면 부모는 자식들을 때려 죽입니다. 이후에 그들의 부모는 불쌍히 여기며, 삼일동안 그들이 죽여버린 자식들을 두고 애곡합니다. 삼일째에 이들의 어미는 자기의 옆구리를 엽니다. 그리고 어미의 피가 새끼들의 죽은 몸 위에 떨어져 그들을 일으킵니다.
그렇게 주님께서도 이사야서에서 말씀하셨습니다. "내가 자식을 낳아 들어올렸건만(길렀건만), 그들이 나를 거역하였도다." 모든 피조물의 조물주께서

---

16 사 1.2: ἄκουε οὐρανέ καὶ ἐνωτίζου γῆ ὅτι κύριος ἐλάλησεν ***υἱοὺς ἐγέννησα καὶ ὕψωσα αὐτοὶ δέ με ἠθέτησαν***.

17 롬 1.25: οἵτινες μετήλλαξαν τὴν ἀλήθειαν τοῦ θεοῦ ἐν τῷ ψεύδει καὶ ἐσεβάσθησαν καὶ ***ἐλάτρευσαν τῇ κτίσει παρὰ τὸν κτίσαντα***, ὅς ἐστιν εὐλογητὸς εἰς τοὺς αἰῶνας, ἀμήν.

18 마 26.27: καὶ ***λαβὼν ποτήριον καὶ εὐχαριστήσας*** ἔδωκεν αὐτοῖς λέγων· πίετε ἐξ αὐτοῦ πάντες.

19 개역개정판에는 '올빼미'라고 번역되어 있다.

우리를 낳으셨으나, 우리는 그를 때렸습니다. 어떻게 우리가 때렸을까요? 우리는 조물주 대신에 피조물을 섬겼습니다. 그러므로 우리의 구원자께서는 십자가 높은 곳에 오르사 그분의 옆구리를 여셨고, 구원과 영생을 위한 피와 물을 흘리셨습니다. 먼저는 "잔을 가지사 축복하셨다." 라고 말해졌으므로 피를 흘리셨고, 또한 회개의 세례를 위하여 물을 흘리신 것입니다. 그러므로 피지올로구스는 펠리칸에 관하여 잘 설명해 주었습니다.

5. 해오라기

Gr5 Y7 B7 C5

Gr5. Περὶ νυκτικόρακος

Φησὶν ὁ Ψαλμῳδός· "ἐγενόμην ὡσεὶ νυκτικόραξ ἐν οἰκοπέδῳ."[20] ὁ Φυσιολόγος ἔλεξε περὶ τοῦ νυκτικόρακος ὅτι τοῦτο τὸ πετεινὸν ἀγαπᾷ τὴν νύκτα ὑπὲρ τὴν ἡμέραν.

Οὕτω καὶ ὁ Κύριος ἡμῶν Ἰησοῦς Χριστὸς ἠγάπησεν ἡμᾶς τοὺς ἐν σκότει καὶ σκιᾷ θανάτου καθημένους, τὸν λαὸν τῶν ἐθνῶν ὑπὲρ τὸν λαὸν τῶν Ἰουδαίων, τῶν καὶ τὴν υἱοθεσίαν[21] καὶ τὴν τῶν πατέρων ἐπαγγελίαν[22]

---

20 시 102.6(LXX 101.7): ὡμοιώθην πελεκᾶνι ἐρημικῷ *ἐγενήθην ὡσεὶ νυκτικόραξ ἐν οἰκοπέδῳ.*

21 갈 4.5: ἵνα τοὺς ὑπὸ νόμον ἐξαγοράσῃ, ἵνα τὴν *υἱοθεσίαν* ἀπολάβωμεν.

22 롬 15.8: λέγω γὰρ Χριστὸν διάκονον γεγενῆσθαι περιτομῆς ὑπὲρ ἀληθείας θεοῦ, εἰς τὸ βεβαιῶσαι

κληρωσαμένων. ἐκ τούτου καὶ ὁ Σωτὴρ ἔλεγε· "μὴ φοβοῦ, τὸ μικρὸν ποίμνιον, ὅτι εὐδόκησεν ὁ Πατὴρ δοῦναι ὑμῖν τὴν βασιλείαν,"[23] καὶ τὰ ἑξῆς.

Ἀλλ' ἐρεῖς μοι ὅτι ὁ νυκτικόραξ ἀκάθαρτός ἐστι κατὰ τὸν Νόμον, καὶ πῶς φέρεται εἰς πρόσωπον τοῦ Σωτῆρος; καλῶς ὁ Ἀπόστολος λέγει· "τὸν μὴ γνόντα ἁμαρτίαν, ὑπὲρ ἡμῶν ἁμαρτίαν ἐποίησεν;"[24] ἑαυτὸν ἐταπείνωσεν, ἵνα πάντας σώσῃ καὶ ὑψωθῶμεν.

Καλῶς οὖν ὁ Φυσιολόγος ἔλεξε περὶ τοῦ νυκτικόρακος.

Gr5. 해오라기에 관하여

시편 기자는 말합니다. "나는 둥지에 있는 해오라기[25] 같이 되었도다." 피지올로구스가 해오라기에 관하여 말하기를, 이 새는 낮보다 밤을 더 사랑한다고 합니다.

그렇게 우리 주 예수 그리스도께서도, 어둠과 죽음의 그림자에 앉아 있었으며 이방 백성이었던 우리를 입양과 조상들에게 주신 약속을 상속받은 유다 백성들보다 더 사랑하셨습니다. 이 때문에 구원자께서 말씀하셨습니다. "두려워 말아라, 적은 무리여. 아버지께서 그 나라를 너희에게 주시기를 기뻐하신다." 기타 등등.

그러나 그대는 나에게 "율법에 따르면 해오라기는 부정하거늘, 어떻게 구원자의 모습을 담을 수 있는가?" 라고 묻습니다. "죄를 알지도 못하신 자로 하여금 우리를 위하여 죄로 삼으셨다." 라고 사도가 잘 말하고 있지 않습니

τὰς ἐπαγγελίας τῶν πατέρων.

23 눅 12.32: *Μὴ φοβοῦ, τὸ μικρὸν ποίμνιον, ὅτι εὐδόκησεν ὁ πατὴρ ὑμῶν δοῦναι ὑμῖν τὴν βασιλείαν.*

24 고후 5.21: *τὸν μὴ γνόντα ἁμαρτίαν ὑπὲρ ἡμῶν ἁμαρτίαν ἐποίησεν*, ἵνα ἡμεῖς γενώμεθα δικαιοσύνη θεοῦ ἐν αὐτῷ.

25 개역개정판에는 '부엉이'로 번역되어 있다.

까? 그분은 스스로 자신을 낮추셨으니, 이는 모두를 구원하여 우리가 드높여지도록 하시기 위함입니다.

그러므로 피지올로구스는 해오라기에 관하여 잘 설명해 주었습니다.

6. 독수리

Gr6 Y8 B8 C6

Gr6. Περὶ ἀετοῦ

Ὁ μὲν Δαυὶδ λέγει· "ἀνακαινισθήσεται ὡς ἀετοῦ ἡ νεότης σου."[26] ὁ Φυσιολόγος ἔλεξε περὶ τοῦ ἀετοῦ ὅτι ὅταν γηράσῃ, βαρύνονται αὐτοῦ οἱ ὀφθαλμοὶ καὶ αἱ πτέρυγες καὶ ἀμβλυωπεῖ. τί οὖν ποιεῖ; ζητεῖ πηγὴν ὕδατος καθαράν, καὶ ἀνίπταται εἰς τὸν αἰθέρα τοῦ ἡλίου, καὶ καίει τὰς πτέρυγας αὐτοῦ τὰς παλαιὰς καὶ τὴν ἀμαυρίαν τῶν ὀφθαλμῶν αὐτοῦ, καὶ καταβαίνει ἐπὶ τὴν πηγήν, καὶ βαπτίζεται τρίς, καὶ ἀνακαινίζεται, καὶ νέος γίνεται.

---

26   시 103.5(LXX 102.5): τὸν ἐμπιπλῶντα ἐν ἀγαθοῖς τὴν ἐπιθυμίαν σου *ἀνακαινισθήσεται ὡς ἀετοῦ ἡ νεότης σου.*

Τοῦτον οὖν τὸν τρόπον καὶ σύ, ὦ ἄνθρωπε, εἰ τὸ τοῦ παλαιοῦ ἀνθρώπου ἔχεις ἔνδυμα καὶ οἱ ὀφθαλμοὶ τῆς καρδίας σου ἀμβλυωποῦσι, ζήτησον τὴν νοερὰν πηγήν, τὸν τοῦ Θεοῦ λόγον, τὸν λέγοντα· "ἐμὲ ἐγκατέλιπον, πηγὴν ὕδατος ζῶντος,"[27] καὶ ἀνίπτασο εἰς τὸ ὕψωμα τοῦ ἡλίου τῆς δικαιοσύνης Ἰησοῦ Χριστοῦ, καὶ ἀπόδυσαι τὸν παλαιὸν ἄνθρωπον σὺν ταῖς πράξεσιν αὐτοῦ, καὶ βάπτισαι τρὶς ἐν τῇ ἀεννάῳ πηγῇ, εἰς τὸ ὄνομα τοῦ Πατρὸς καὶ τοῦ Υἱοῦ καὶ τοῦ ἁγίου Πνεύματος· καὶ ἀπόδυσαι τὸν παλαιὸν ἄνθρωπον, τουτέστι τὸ παλαιὸν ἔνδυμα τοῦ διαβόλου, καὶ ἔνδυσαι τὸν νέον τὸν κατὰ Θεὸν κτισθέντα,[28] καὶ πληρωθήσεται καὶ ἐν σοὶ ἡ προφητεία Δαυίδ· "ἀνακαινισθήσεται ὡς ἀετοῦ ἡ νεότης σου."[29]

Gr6. 독수리에 관하여

다윗은 말합니다. "너의 청춘이 독수리처럼 새로워지리라." 피지올로구스가 독수리에 관하여 말하기를, 독수리는 나이가 들면, 눈이 어두워지고 날개는 무거워진다고 합니다. 그러면 독수리는 무엇을 하겠습니까? 독수리는 물이 정결한 샘을 찾고 태양이 있는 공중으로 날아올라가, 자기의 오래된 날개와 자기 눈의 어둑함을 불태우고, 샘 위로 내려와서 세 번 잠그고서, 새로워지고, 젊어집니다.

오 사람이여, 그러므로 그대도 이렇게, 만일 옛 사람의 옷을 가지고서 그대의 마음의 눈이 어둑해졌다면, "저들이 생수의 근원되는 나를 버렸다." 라고 말씀하신 하나님의 말씀, 곧 가지적(可知的)인 샘을 찾으십시오. 그리고

---

27 렘 2.13: ὅτι δύο πονηρὰ ἐποίησεν ὁ λαός μου **ἐμὲ ἐγκατέλιπον πηγὴν ὕδατος ζωῆς** καὶ ὤρυξαν ἑαυτοῖς λάκκους συντετριμμένους οἳ οὐ δυνήσονται ὕδωρ συνέχειν.

28 엡 4.24: καὶ ἐνδύσασθαι τὸν καινὸν ἄνθρωπον **τὸν κατὰ θεὸν κτισθέντα** ἐν δικαιοσύνῃ καὶ ὁσιότητι τῆς ἀληθείας.

29 시 103.5(LXX 102.5).

의의 태양이신 예수 그리스도가 계시는 높은 곳으로 날아오르십시오. 그리고 옛 사람을 그것의 행실과 함께 벗어버리고, 영원히 흐르는 샘에서 아버지와 아들과 성령의 이름으로 세 번 잠그십시오. 그래서 옛 사람, 즉 악마의 옛 옷을 벗어버리고, "하나님을 따라 지으심을 받은" 새 사람을 입으십시오. 그러면 "너의 청춘이 독수리처럼 새로워지리라." 라고 말한 다윗의 예언이 그대 안에서 성취될 것입니다.

7. 피닉스

Gr7. Περὶ φοίνικος πετεινοῦ

Ὁ Κύριος ἔλεξεν ἐν τῷ εὐαγγελίῳ· "ἐξουσίαν ἔχω θεῖναι τὴν ψυχήν μου, καὶ ἐξουσίαν ἔχω πάλιν λαβεῖν αὐτήν,"[30] καὶ οἱ Ἰουδαῖοι ἠγανάκτησαν ἐπὶ τῷ λόγῳ.

Ἔστι πετεινὸν ἐν τῇ Ἰνδίᾳ, φοῖνιξ λεγόμενον· κατὰ πεντακόσια ἔτη εἰσέρχεται εἰς τὰ ξύλα τοῦ Λιβάνου, καὶ γεμίζει τὰς πτέρυγας αὐτοῦ ἀρωμάτων, καὶ σημαίνει τῷ ἱερεῖ τῆς Ἡλιουπόλεως τῷ μηνὶ τῷ νέῳ, τῷ

30　Ϙ 10.17-18: Διὰ τοῦτό με ὁ πατὴρ ἀγαπᾷ ὅτι ἐγὼ τίθημι **τὴν ψυχήν μου**, ἵνα πάλιν λάβω αὐτήν. οὐδεὶς αἴρει αὐτὴν ἀπ' ἐμοῦ, ἀλλ' ἐγὼ τίθημι αὐτὴν ἀπ' ἐμαυτοῦ. **ἐξουσίαν ἔχω θεῖναι αὐτήν, καὶ ἐξουσίαν ἔχω πάλιν λαβεῖν αὐτήν**· ταύτην τὴν ἐντολὴν ἔλαβον παρὰ τοῦ πατρός μου.

Νησὰν ἢ τῷ Ἀδάρ, τουτέστι τῷ Φαμενὼθ ἢ τῷ Φαρμουθί. ὁ δὲ ἱερεὺς σημανθεὶς ἔρχεται, καὶ ἐμπιπλᾷ τὸν βωμὸν ἀμπελίνων ξύλων· τὸ δὲ πετεινὸν εἰσέρχεται εἰς Ἡλιούπολιν, γεγομωμένον τῶν ἀρωμάτων, καὶ ἀναβαίνει ἐπὶ τὸν βωμόν, καὶ αὐτὸ τὸ πῦρ ἀνάπτει καὶ ἑαυτὸν καίει. τῇ δὲ ἐπαύριον ὁ ἱερεύς, ἐρευνῶν τὸν βωμόν, εὑρίσκει σκώληκα ἐν τῇ σποδῷ· τῇ δὲ δευτέρᾳ ἡμέρᾳ εὑρίσκει αὐτὸν νεοσσὸν πετεινοῦ, καὶ τῇ τρίτῃ ἡμέρᾳ εὑρίσκει αὐτὸν πετεινὸν τέλειον, καὶ ἀσπάζεται τὸν ἱερέα, καὶ πορεύεται εἰς τὸν ἴδιον αὐτοῦ τόπον.

Εἰ οὖν τὸ πετεινὸν τοῦτο ἐξουσίαν ἔχει ἑαυτὸ ἀποκτεῖναι καὶ ζωοποιῆσαι, πῶς οἱ ἀνόητοι Ἰουδαῖοι ἀγανακτοῦσι κατὰ τοῦ Κυρίου εἰρηκότος· "ἐξουσίαν ἔχω θεῖναι τὴν ψυχήν μου καὶ ἐξουσίαν ἔχω πάλιν λαβεῖν αὐτήν;"

Ὁ οὖν φοῖνιξ πρόσωπον λαμβάνει τοῦ Σωτῆρος ἡμῶν· ἐλθὼν γὰρ ἐκ τῶν οὐρανῶν, τὰς δύο πτέρυγας αὐτοῦ ἁπλώσας, μεστὰς εὐωδίας ἤνεγκε, τουτέστιν ἐναρέτων οὐρανίων λόγων, ἵνα καὶ ἡμεῖς δι' εὐχῶν ἐκτείνωμεν τὰς χεῖρας, καὶ ἀναπέμψωμεν εὐωδίαν πνευματικὴν διὰ πολιτειῶν ἀγαθῶν.

Καλῶς οὖν ὁ Φυσιολόγος ἔλεξε περὶ τοῦ φοίνικος.

Gr7. 피닉스라는 새에 관하여[31]

주님께서 복음에서 말씀하셨습니다. "나는 나의 목숨을 버릴 권세도 있고, 다시 얻을 권세도 있다." 그러나 유대인들은 그 말씀을 두고 비난하였습니

---

31 피닉스 전설을 그리스도의 부활에 비유하는 전승은 꽤나 이른 시기부터 있었다. 이와 유사한 내용이 그리스 도교 문헌에서 최초로 발견된 것은 로마의 클레멘스(Clement of Rome)가 코린토스 사람들에게 보내는 편 지에서이다. 《클레멘스의 첫째 편지》의 25장 1-5절을 보라. Clement of Rome. *Epistola ad Corinthios*. Edited by Annie Jaubert. Sources Chrétiennes 167 (Paris: Les Éditions du Cerf, 1971), 142-145.

다.

인도에는 피닉스라고 불리는 새가 있습니다. 그 새는 500년마다 레바논 숲[32]에 와서, 자기의 날개를 향기로 가득 채우고, 새로운 달, 즉 니산[33] 또는 아달[34], 즉 파메노트[35] 또는 파르무티[36] 달에 헬리오폴리스의 사제에게 나타납니다. 그러면 사제는 이를 알아차리고 제단을 포도나무로 채워 넣습니다. 그리고 그 새는 헬리오폴리스로 들어와서 향기를 싣고서, 제단 위로 날아오고, 불이 스스로 일어나서 그 자신(피닉스)을 태웁니다. 그리고 다음 날 사제는 제단을 살피는데, 재 안에서 벌레 하나를 발견합니다. 그리고 둘째 날에는 그것이 새끼 새가 된 것을 발견하고, 셋째 날에는 그것이 성조(成鳥)가 된 것을 발견하는데, 그러면 그것은 그 사제에게 인사하고 자신만의 장소로 갑니다.

그러므로 만일 이 새가 자기를 죽이고 살리는 권세를 가지고 있다면, 어떻게 무지각한 유대인들은 주님이 "나는 나의 목숨을 버릴 권세도 있고, 다시 얻을 권세도 있다." 라고 하신 것에 반대하여 성낼 수 있습니까?

그러므로 피닉스는 우리의 구원자의 모습을 가졌습니다. 그가 하늘로부터 오셔서, 두 날개를 펼치사, 향기, 즉 하늘의 덕스러운 말씀을 가득 품으셨기 때문입니다. 이는 우리도 기도를 통하여 손을 뻗고, 선한 삶을 통하여 영적인 향기를 풍기게 하려 하심입니다.

그러므로 피지올로구스는 피닉스에 관하여 잘 설명해 주었습니다.

---

32 아가 3장 9절 참조.

33 유대 달력의 1번째 달이다.

34 유대 달력의 12번째 달이다.

35 이집트 달력의 7번째 달이다.

36 이집트 달력의 8번째 달이다.

8. 후투티

Gr8 Y10 B10 C7

Gr8. Περὶ ἔποπος πετεινοῦ

Γέγραπται· "ὁ κακολογῶν πατέρα ἢ μητέρα θανάτῳ τελευτάτω."[37] καὶ πῶς εἰσί τινες πατραλοῖαι καὶ μητραλοῖαι; Ἔστι πετεινὸν λεγόμενον ἔποψ. τὰ τέκνα τούτων, ἐὰν ἴδωσι τοὺς γονεῖς αὐτῶν γηράσαντας, ἐκτίλλουσι τὰς πτέρυγας αὐτῶν τὰς παλαιάς, καὶ λείχουσι τοὺς ὀφθαλμοὺς αὐτῶν, καὶ θάλπουσι τοὺς γονεῖς ὑπὸ τὰς πτέρυγας αὐτῶν, καὶ νεοσσοποιοῦσιν αὐτοὺς καὶ νέοι γίνονται, λέγοντες τοῖς ἑαυτῶν γονεῦσιν· ὥσπερ ὑμεῖς ἐνεοσσοποιήσατε ἡμᾶς καὶ κεκοπιάκατε κάμνοντες καὶ τρέφοντες ἡμᾶς, καὶ ἡμεῖς τὸ ὅμοιον ποιήσωμεν ὑμῖν.

Καὶ πῶς οἱ ἀνόητοι ἄνθρωποι οὐκ ἀγαπῶσι τοὺς ἑαυτῶν γονεῖς, τοὺς ἐκτρέφοντας αὐτοὺς καὶ παιδεύοντας ἐν νουθεσίᾳ Κυρίου;

Καλῶς εἶπεν ὁ Φυσιολόγος περὶ τοῦ ἔποπος.

Gr8. 후투티라는 새에 관하여

"아비나 어미를 저주하는 자는 반드시 죽일지니라." 라고 기록되어 있습니

---

37 출 21.17(LXX 21.16): *ὁ κακολογῶν πατέρα αὐτοῦ ἢ μητέρα αὐτοῦ τελευτήσει θανάτῳ.*

다. 어떻게 부친 살해자와 모친 살해자가 될 수 있겠습니까? 후투티라고 불리는 새가 있습니다. 이들의 자식들은, 자기 부모가 나이든 것을 보면, 부모의 오래된 날개를 솎아주며, 부모의 눈을 핥아줍니다. 그리고 부모를 그들의 날개로 따뜻하게 해주며, 부모를 품어주고, 부모는 젊어집니다. 그들은 자기들의 부모에게 말합니다. "당신들이 우리를 품어주고, 일하며 수고하여, 우리를 먹인 것처럼, 우리도 그 같은 것을 당신들에게 행할 것입니다."

그러므로 어떻게 무지각한 사람들이 그들을 먹여주고 주님의 훈계로써 양육한 자기 부모를 사랑하지 않을 수 있겠습니까?

피지올로구스는 후투티에 관하여 잘 설명해 주었습니다.

9. 들나귀

Gr9 Y11

Gr9. Περὶ ὀνάγρου

Γέγραπται ἐν τῷ Ἰώβ· "τίς ἀφῆκεν ὄναγρον ἐλεύθερον;"[38] ὁ Φυσιολόγος ἔλεξε περὶ τοῦ ὀνάγρου ὅτι ἀγελάρχης ἐστί, καὶ ἐὰν γεννῶσιν αἱ νομάδες ἄρρενας, ὁ πατὴρ αὐτῶν ὅλα τὰ αἰδοῖα αὐτῶν τέμνει, ἵνα μὴ σπερματίζωσιν.

Οἱ πατριάρχαι σπέρμα σωματικὸν ἐζήτουν σπεῖραι, οἱ δὲ ἀπόστολοι, τὰ νοερὰ τέκνα, ἐγκράτειαν ἤσκησαν, οὐράνιον αἰτησάμενοι σπέρμα, ὡς γέγραπται· "εὐφράνθητι, στεῖρα ἡ οὐ τίκτουσα, ῥῆξον καὶ βόησον, ἡ οὐκ

---

38 욥 39.5: *τίς δέ ἐστιν ὁ ἀφεὶς ὄνον ἄγριον ἐλεύθερον* δεσμοὺς δὲ αὐτοῦ τίς ἔλυσεν.

ὠδίνουσα, ὅτι πολλὰ τὰ τέκνα τῆς ἐρήμου μᾶλλον ἢ τῆς ἐχούσης τὸν ἄνδρα."[39] ἡ παλαιὰ σπέρμα ἐπαγγελίας, ἡ δὲ νέα ἐγκρατείας.

Καλῶς οὖν ὁ Φυσιολόγος ἔλεξε περὶ τοῦ ὀνάγρου.

Gr9. 들나귀에 관하여

욥기에 이렇게 기록되어 있습니다. "누가 들나귀를 자유롭게 풀어주었는가?" 피지올로구스가 들나귀에 관하여 말하기를, 그것이 무리의 우두머리인데, 방랑하는 암컷들이 수컷을 낳으면, 그들의 아비가 그들의 생식기 전체를 잘라버리는데, 이는 그들이 번식하지 않게 하려 함입니다.

족장들은 몸의 씨를 뿌리기를 구했으나, 반면 가지적(可知的) 자녀인 사도들은, 하늘의 씨를 구하며, 금욕을 훈련했으니, 이렇게 기록되었습니다. "기뻐하라, 잉태하지 못하며 출산하지 못하는 여자여! 소리 질러 외쳐라, 산고(産苦)가 없는 여자여! 외로운 여자의 자녀들이 남편을 가진 여자의 자녀들보다 더욱 많기 때문이다." 구약은 씨의 약속이나, 신약은 금욕의 약속입니다.

그러므로 피지올로구스는 들나귀에 관하여 잘 설명해 주었습니다.

---

39   사 54.1: *εὐφράνθητι στεῖρα ἡ οὐ τίκτουσα ῥῆξον καὶ βόησον ἡ οὐκ ὠδίνουσα ὅτι πολλὰ τὰ τέκνα τῆς ἐρήμου μᾶλλον ἢ τῆς ἐχούσης τὸν ἄνδρα* εἶπεν γὰρ κύριος.

10. 독사

Gr10 Y12 C8

Gr10-1. Περὶ ἐχίδνης

Καλῶς εἶπεν ὁ Ἰωάννης πρὸς τοὺς Φαρισαίους· "γεννήματα ἐχιδνῶν, τίς ὑπέδειξεν ὑμῖν φυγεῖν ἀπὸ τῆς μελλούσης ὀργῆς;"[40] ὁ Φυσιολόγος ἔλεξε περὶ τῆς ἐχίδνης ὅτι ὁ μὲν ἄρρην πρόσωπον ἔχει ἀνδρός, ἡ δὲ θήλεια πρόσωπον γυναικός· ἕως ὀμφαλοῦ, ἀνθρώπου ἔχουσι μορφήν, οὐρὰν δὲ ἔχουσι κροκοδείλου. πόρον δὲ οὐκ ἔχει ἐν κόλπῳ ἡ γυνή, ἀλλ' ὡς τρύπην ῥαφίδος μόνον. ἐὰν οὖν ὁ ἄρρην ὀχεύῃ τὴν θήλειαν, ἐκκρίνει τὸ σπέρμα εἰς τὸ στόμα τῆς θηλείας, καὶ ἐὰν καταπίῃ τὸ σπέρμα ἡ θήλεια, κόπτει

---

40 마 3.7: ἰδὼν δὲ πολλοὺς τῶν Φαρισαίων καὶ Σαδδουκαίων ἐρχομένους ἐπὶ τὸ βάπτισμα αὐτοῦ εἶπεν αὐτοῖς· *γεννήματα ἐχιδνῶν, τίς ὑπέδειξεν ὑμῖν φυγεῖν ἀπὸ τῆς μελλούσης ὀργῆς.*

τὰ ἀναγκαῖα τοῦ ἄρρενος, καὶ ἀποθνήσκει ὁ ἄρρην εὐθέως. αὐξάνοντα δὲ τὰ τέκνα κατεσθίει τὴν γαστέρα τῆς μητρός, καὶ οὕτως ἐξέρχονται· πατραλοῖαι οὖν εἰσι καὶ μητραλοῖαι.

Καλῶς οὖν παρεπλησίασεν ὁ Ἰωάννης τῇ ἐχίδνῃ τοὺς Φαρισαίους· ὃν τρόπον γὰρ ἀποκτείνει ἡ ἔχιδνα τὸν πατέρα καὶ τὴν μητέρα, οὕτω καὶ οὗτοι ἀπέκτειναν τοὺς νοερούς αὐτῶν πατέρας, τοὺς προφήτας, φησί, καὶ τὸν Κύριον ἡμῶν Ἰησοῦν Χριστὸν καὶ τὴν Ἐκκλησίαν· πῶς οὖν φύγωσιν ἀπὸ τῆς μελλούσης ὀργῆς;[41] καὶ ὁ μὲν πατὴρ καὶ ἡ μήτηρ ζῶσιν εἰς τὸν αἰῶνα, οὗτοι δὲ ἀπέθανον.

Gr10-1. 독사에 관하여

요한은 바리새인들을 향해 잘 말하였습니다. "독사의 자식들아, 누가 너희에게 다가올 진노를 피하라고 가르쳤느냐?" 피지올로구스가 독사에 관하여 말하기를, 수컷은 남자의 모습을 하고 있으나, 암컷은 여자의 모습을 하고 있다고 합니다. 배꼽까지는 사람의 모습을 하고 있으나 악어의 꼬리를 가지고 있습니다. 암컷은 태내에 통로가 없고, 대신 바늘구멍 같은 것만 있습니다. 그러므로 수컷이 암컷과 교미한다면, 암컷의 입에 정액을 분비합니다. 암컷이 정액을 삼키면, 수컷의 생식기를 잘라버리고, 수컷은 즉시 죽어버립니다. 그런데 새끼들이 자라나면 어미의 배 부분을 먹어 치워버리고, 그렇게 밖으로 나옵니다. 따라서 그들은 부친 살해자이며 모친 살해자입니다.

그러므로 요한은 바리새인들을 독사와 잘 빗댔습니다. 독사가 아비와 어미를 죽이듯, 그들도 그들의 가지적(可知的) 아버지들인 예언자들, 말하자면

---

41 눅 3.7: Ἔλεγεν οὖν τοῖς ἐκπορευομένοις ὄχλοις βαπτισθῆναι ὑπ' αὐτοῦ· γεννήματα ἐχιδνῶν, τίς ὑπέδειξεν ὑμῖν *φυγεῖν ἀπὸ τῆς μελλούσης ὀργῆς*.

우리 주 예수 그리스도와 교회를 죽였습니다. 그러므로 어떻게 그들이 다가올 진노로부터 도망치겠습니까? 그 아버지와 그 어머니는 영원히 살지만, 그들은 죽었습니다.

Gr10-2. Περὶ ἐχίδνης

Ο Φυσιολόγος ἔλεξε περὶ τῆς ἐχίδνης· ὅταν ἄρρην ἀρχῇ συγγένηται τῇ θηλείᾳ, εἰς τὸ στόμα αὐτῇ συγγίνεται, καὶ ἡ θήλεια, καταπίνουσα τὸν γόνον, κόπτει τὰ ἀναγκαῖα αὐτοῦ· γινώσκει οὖν ὅτι, ἐὰν συγγένηται τῇ θηλείᾳ, ἀποθνήσκει. πλειστάκις οὖν ὑπάγει, καὶ ἔρχεται πρὸς τὴν θήλειαν, <καὶ εὐθέως ἀποστρέφεται ἀπ' αὐτῆς>· ὕστερον οὖν, μὴ δυνάμενος κατασχεῖν ἑαυτόν, συγγίνεται αὐτῇ καὶ ἀποθνήσκει. ἡ οὖν θήλεια οὐκ ἔχει κόλπον ἵνα βαστάζῃ ἐν τῇ κοιλίᾳ αὐτῆς τὰ γεννήματα· ἐὰν οὖν αὐξηθῶσι τὰ τέκνα ἐν τῇ κοιλίᾳ αὐτῆς, ἀναπτύσσουσι τὴν πλευρὰν αὐτῆς, καὶ ἐξέρχονται, καὶ ἀποκτείνουσιν αὐτήν· πατραλῷαι οὖν εἰσι καὶ μητραλῷαι.

Gr10-2. 독사에 관하여

피지올로구스가 독사에 관하여 말하였습니다. 처음 수컷이 암컷과 교미할 때, 입으로 암컷과 교미합니다. 그러면 암컷은 정액을 삼키고, 수컷의 생식기를 잘라버립니다. 따라서 수컷은 암컷과 교미하면 죽는다는 것을 압니다. 그러므로 수컷은 자주 암컷을 향해 가지만, 〈즉시 암컷으로부터 돌아섭니다.〉 이후 수컷이 자기를 절제할 수 없게 되면, 암컷과 교미하고 죽습니다. 암컷은 자기의 배에 새끼를 품을 자궁이 없어서, 자식들이 암컷의 배에서 자라나면, 암컷의 옆구리를 열고, 바깥으로 나와서, 암컷을 죽여버립니다. 그러므로 그들은 부친 살해자이며 모친 살해자이기도 합니다.

11. 뱀

Gr11 Y13 C9 C10 C11

Gr11. Περὶ ὄφεως

Ὁ Κύριος ἔλεξεν ἐν τῷ εὐαγγελίῳ· "γίνεσθε οὖν φρόνιμοι ὡσεὶ ὄφεις καὶ ἀκέραιοι ὡσεὶ περιστεραί."[42] ὁ Φυσιολόγος ἔλεξε περὶ τοῦ ὄφεως ὅτι τέσσαρας φύσεις ἔχει.

Πρώτη αὐτοῦ φύσις αὕτη· ὅταν γηράσῃ, ἐμποδίζεται τῶν ὀφθαλμῶν, καὶ ἐὰν θέλῃ πάλιν νέος γενέσθαι, πολιτεύεται καὶ νηστεύει τεσσαράκοντα ἡμέρας καὶ τεσσαράκοντα νύκτας, ἕως οὗ τὸ δέρμα αὐτοῦ χαυνωθῇ· καὶ ζητεῖ πέτραν ἢ ῥαγάδα στενήν, καὶ ἐκεῖθεν ἑαυτὸν ἐκπιέσας, θλίβει τὸ

---

42 마 10.16: Ἰδοὺ ἐγὼ ἀποστέλλω ὑμᾶς ὡς πρόβατα ἐν μέσῳ λύκων· *γίνεσθε οὖν φρόνιμοι ὡς οἱ ὄφεις καὶ ἀκέραιοι ὡς αἱ περιστεραί.*

σῶμα, καὶ ἀποβαλὼν τὸ γῆρας, πάλιν νέος γίνεται.

Τοῦτον οὖν τὸν τρόπον καὶ σύ, ὦ ἄνθρωπε, ἐὰν θέλῃς τὸ παλαιὸν γῆρας τοῦ κόσμου ἀποβαλέσθαι, διὰ τῆς στενῆς καὶ τεθλιμμένης ὁδοῦ, διὰ νηστειῶν τὸ σῶμα τῆξον· "στενὴ γάρ ἐστι καὶ τεθλιμμένη ἡ ὁδός, ἡ ἀπάγουσα εἰς τὴν ζωὴν τὴν αἰώνιον."[43]

Gr11. 뱀에 관하여

주님께서 복음에서 말씀하셨습니다. "그러므로 너희는 뱀처럼 지혜롭고 비둘기처럼 순결하라." 피지올로구스가 뱀에 관하여 말하기를, 뱀은 세 가지 특성이 있다고 합니다.

뱀의 첫 번째 특성(은 이러합니다). 뱀은 나이가 들면, 눈이 어두워지는데, 만일 뱀이 다시 젊어지고자 하면, 사십 주야(晝夜) 동안 수행(절제)하고 금식하며, 껍질이 헐거워질 때까지 합니다. 그리곤 바위나 좁은 틈을 찾아서, 거기로 자기를 밀어 넣고, 몸을 조여서, 허물을 벗어 던져버리고, 다시 젊어집니다.

오 사람이여, 그러므로 이렇게 그대도, 세상의 오래된 허물을 벗어 던지고자 한다면, 좁고 협착한 길을 통하여, 곧 금식을 통하여 몸을 수척해지게 하십시오. "영원한 생명으로 이끄는 길은, 좁고 협착하기 때문입니다."

Δευτέρα φύσις τοῦ ὄφεως. ὅταν ἔλθῃ ὁ ὄφις πιεῖν ὕδωρ εἰς πηγήν, οὐ φέρει τὸν ἰὸν μεθ' ἑαυτοῦ, ἀλλ' ἐν τῷ φωλεῷ αὐτοῦ ἀφίησιν αὐτόν. Ὀφείλωμεν οὖν καὶ ἡμεῖς, σπεύδοντες ἐπὶ τὸ ὕδωρ τὸ ἀένναον καὶ ἄκακον, τὸ γέμον τῶν θείων καὶ ἐπουρανίων λόγων, ἐν τῇ Ἐκκλησίᾳ τοῦ

---

43   마 7.14: *τί στενὴ ἡ πύλη καὶ τεθλιμμένη ἡ ὁδὸς ἡ ἀπάγουσα εἰς τὴν ζωὴν* καὶ ὀλίγοι εἰσὶν οἱ εὑρίσκοντες αὐτήν.

Θεοῦ μὴ φέρειν μεθ' ἑαυτῶν τῆς κακίας τὸν ἰόν, ἀλλὰ παντελῶς ἀπορρίπτειν αὐτὸν ἀφ' ἑαυτῶν καὶ καθαρῶς προσέρχεσθαι.

뱀의 두 번째 특성(은 이러합니다). 뱀이 물을 마시러 샘으로 갈 때, 뱀은 자기와 함께 독을 가져가지 않고, 자기의 굴에 두고 갑니다. 그러므로 우리도, 영원히 흐르고 악이 없으며, 신적이며 천상의 말씀으로 가득한 물로 달려갈 때에는, 우리 자신들과 함께 악행의 독을 하나님의 교회로 옮기지 말아야 합니다. 오히려 완전히 우리 자신들로부터 그 독을 내던져버리고 정결하게 나아와야 합니다.

Τρίτη φύσις τοῦ ὄφεως. ὅταν ἴδῃ ὁ ὄφις ἄνθρωπον γυμνόν, φοβεῖται καὶ ἀποστρέφεται· ἐπὰν δὲ ἠμφιεσμένον αὐτὸν ἴδῃ, ἄλλεται ἐπ' αὐτόν. Καὶ ἡμεῖς νοητῶς νοήσωμεν ὅτι ἡνίκα ὁ πατὴρ ἡμῶν Ἀδὰμ γυμνὸς ἦν ἐν τῷ παραδείσῳ, οὐκ ἴσχυσεν αὐτὸν πεδῆσαι ὁ διάβολος. Ἐὰν οὖν καὶ σὺ ἔχῃς τὸ ἔνδυμα τοῦ παλαιοῦ ἀνθρώπου, τουτέστι τὰ σύκινα τῆς ἡδονῆς, ὡς πεπαλαιωμένος ἡμερῶν κακῶν, ἐφάλλεταί σοι.

뱀의 세 번째 속성(은 이러합니다). 뱀은 사람이 벗은 것을 보면, 두려워하며 돌아섭니다. 하지만 그가 옷을 입고 있는 것을 보면, 그에게 뛰어오릅니다. 우리 조상 아담이 낙원에서 벗었을 때, 악마가 그를 족쇄 채울 정도로 강하지 않았음을 가지적(可知的)으로 이해합시다. 그러므로 그대도 악한 세월에 방황하는 옛 사람의 옷, 즉 쾌락의 무화과 나뭇잎을 입고 있다면, 그대에게도 악마가 뛰어오를 것입니다.

Τετάρτη φύσις τοῦ ὄφεως. ὅταν ἐπέλθῃ αὐτῷ ἄνθρωπος θέλων αὐτὸν ἀποκτεῖναι, ὅλον τὸ σῶμα αὐτοῦ εἰς θάνατον παραδίδωσι, τὴν κεφαλὴν αὐτοῦ μόνην φυλάσσων.

καλῶς οὖν ὁ Φυσιολόγος εἶπεν.

Ὀφείλωμεν οὖν καὶ ἡμεῖς, ἐν καιρῷ πειρασμοῦ, ὅλον τὸ σῶμα ἑαυτῶν παραδιδόναι εἰς θάνατον, μόνην τὴν κεφαλὴν φυλάσσοντες, τουτέστι τὸν Χριστὸν μὴ ἀρνούμενοι, ὥσπερ ἐποίησαν οἱ ἅγιοι μάρτυρες· "παντὸς γὰρ ἀνδρὸς ἡ κεφαλὴ ὁ Χριστός ἐστιν,"[44] ὡς γέγραπται.

뱀의 네 번째 속성(은 이러합니다). 사람이 뱀을 죽이고자 그에게 다가올 때, 뱀은 자기의 머리 만은 지키고, 온 몸을 죽음에 넘겨줍니다.

그러므로 피지올로구스는 잘 설명해 주었습니다.

그러므로 우리도, 유혹의 때에, 머리만은 지키며, 즉 그리스도를 부인하지 않으며, 우리 자신의 온 몸을 죽음에 넘겨주어야 합니다. 이는 마치 거룩한 순교자들이 행한 것처럼 말입니다. 기록된 것처럼, "모든 남자의 머리는 그리스도이시기 때문입니다."

---

44 고전 11.3: Θέλω δὲ ὑμᾶς εἰδέναι ὅτι **παντὸς ἀνδρὸς ἡ κεφαλὴ ὁ Χριστός ἐστιν**, κεφαλὴ δὲ γυναικὸς ὁ ἀνήρ, κεφαλὴ δὲ τοῦ Χριστοῦ ὁ θεός.

12. 개미

Gr12. Περὶ μύρμηκος

Ὁ Σολομὼν ἐλάλησεν ἐν ταῖς Παροιμίαις· "ἴσθι πρὸς τὸν μύρμηκα, ὦ ὀκνηρέ."[45] ὁ Φυσιολόγος ἔλεξε περὶ τοῦ μύρμηκος, ὅτι τρεῖς φύσεις ἔχει. Πρώτη αὐτοῦ φύσις αὕτη· ὅταν στοιχηδὸν περιπατῶσιν, ἕκαστος τὸν κόκκον ἐν τῷ στόματι βαστάζει, καὶ οἱ κενοί, οἱ μηδὲν ἔχοντες, οὐ λέγουσι τοῖς γεγομωμένοις· δότε ἡμῖν ἐκ τῶν κόκκων ὑμῶν, οὐδὲ ἁρπάζουσι βίᾳ, ἀλλ' ἀπέρχονται καὶ ἑαυτοῖς συλλέγουσι. Ταῦτα δὲ ἐπὶ τῶν φρονίμων παρθένων καὶ τῶν μωρῶν ἐστιν εὑρεῖν τὰ ῥήματα.

---

45 잠 6.6: **ἴθι πρὸς τὸν μύρμηκα ὦ ὀκνηρέ** καὶ ζήλωσον ἰδὼν τὰς ὁδοὺς αὐτοῦ καὶ γενοῦ ἐκείνου σοφώτερος.

[καλῶς οὖν ὁ Φυσιολόγος ἔλεξε περὶ τοῦ μύρμηκος].

Gr12. 개미에 관하여

솔로몬은 잠언에서 말했습니다. "게으른 자여, 개미에게 가서, 그에게 배우라." 피지올로구스가 개미에 관하여 말하기를, 그것은 세 가지 특성을 가집니다.

개미의 첫째 특성은 이러합니다. 개미가 줄지어 갈 때, 각자가 낟알을 입에 물고 있는데, 아무 것도 가지지 않고 입이 빈 이들은 옮기는 이들에게 이렇게 말하지 않습니다. "너희가 가진 낟알에서 일부를 우리에게 주어라." 또 그들은 폭력으로 강탈하지 않고, 오히려 떠나가서 스스로 모아 들입니다. 이것은 슬기로운 처녀들과 어리석은 처녀들에게서 찾아볼 수 있습니다.[46]
[그러므로 피지올로구스는 개미에 관하여 잘 설명해 주었습니다.]

Δευτέρα φύσις τοῦ μύρμηκος. ὅταν ἀποταμιεύηται τὸν σῖτον εἰς τὴν γῆν, διχοτομεῖ τοὺς κόκκους εἰς δύο, μήποτε, χειμῶνος γενομένου, βραχῶσι καὶ ἀναθάλωσιν οἱ κόκκοι, καὶ λιμοκτονηθῶσι. Καὶ πάλιν γινώσκει ὁ μύρμηξ τῇ σοφίᾳ αὐτοῦ εἰ καῦμά ἐστιν ἢ ὅταν ἀὴρ μέλλῃ βρέχειν. ὅταν οὖν θεωρῇς τὸν μύρμηκα ὅτι τὸν κόκκον τοῦ σίτου τὸν ἔξω τῆς τρύπης αὐτοῦ ἔσω κομίζει, γνῶθι ὅτι ἀὴρ χειμῶνος ἔρχεται· εἰ δὲ ἀπὸ τῶν ἔσω κομίζει τὴν ἑαυτοῦ τροφὴν καὶ ἐφαπλοῖ, γνῶθι ὅτι γαλήνη τοῦ ἀέρος ἐστίν.

Καὶ οἱ τέλειοι ἀσκηταὶ τὰ ῥήματα τῆς παλαιᾶς κρυψάντων ἀπὸ τοῦ πνεύματος, μή ποτέ σε τὸ γράμμα ἀποκτείνῃ· Παῦλος γὰρ εἶπεν ὅτι "ὁ

---

46 마 25.1-13 참조.

Νόμος πνευματικός ἐστι."[47] ψιλῷ γὰρ τῷ γράμματι προσεσχηκότες, οἱ Ἰουδαῖοι ἐλιμοκτονήθησαν καὶ φονεῖς γεγόνασιν ἁγίων.

개미의 둘째 특성(은 이러합니다). 개미는 땅에 밀알을 저장할 때, 씨앗을 둘로 나누는데, 겨울에 씨앗들이 갈라져서 싹이 트지 않게 하여 굶어 죽지 않기 위함입니다. 또한 개미는 자기의 지혜로 따뜻함이나 공기가 습해질 것을 압니다. 그러므로 그대는 개미가 구멍 밖에 있는 곡식의 씨앗을 안으로 옮기는 것을 보거든, 겨울의 공기가 온다는 것을 아십시오. 그러나 그것이 안으로부터 자기의 식량을 옮기고 펼쳐놓는 것을 보거든, 공기가 평온함을 아십시오.

완전한 수행자들은 (자기)영에게서 구약의 말씀을 숨기는데, 이는 문자가 그대를 죽이지 못하게 하려 함입니다. 바울은 말하였습니다. "율법은 영적인 것이다." 그러나 유대인들은 단지 문자에만 집착하다가 굶주렸고 성인(聖人)들의 살해자가 되었습니다.

Τρίτη φύσις τοῦ μύρμηκος. πολλάκις ἐν τῷ ἀγρῷ πορεύεται ὁ μύρμηξ ἐν καιρῷ τοῦ θερισμοῦ καὶ ἀναβαίνει ἐπὶ τὸν στάχυν, καὶ καταφέρει τὸν κόκκον, καὶ πρὸ τοῦ ἀναβῆναι αὐτόν, ὀσμᾶται εἰς τὸ στέλεχος τοῦ στάχυος, καὶ ἀπὸ τῆς ὀσμῆς γινώσκει ἢ κριθή ἐστιν ἢ σῖτος· καὶ εἰ μὲν κριθή ἐστιν, οὐκ ἀνέρχεται, εἰ δὲ σῖτος, ἀνέρχεται καὶ καταβιβάζει τὸν κόκκον. ἡ γὰρ κριθὴ τροφὴ κτηνῶν ἐστι, καθὼς καὶ ὁ Ἰὼβ φησιν· "ἀντὶ πυροῦ ἄρα ἐξέλθοι μοι κριθή."[48]

---

47   롬 7.14: Οἴδαμεν γὰρ ὅτι *ὁ νόμος πνευματικός ἐστιν*, ἐγὼ δὲ σάρκινός εἰμι πεπραμένος ὑπὸ τὴν ἁμαρτίαν.

48   욥 31.40: *ἀντὶ πυροῦ ἄρα ἐξέλθοι μοι κνίδη ἀντὶ δὲ κριθῆς* βάτος καὶ ἐπαύσατο Ιωβ ῥήμασιν.

Φεῦγε οὖν καὶ σὺ τὴν κτηνώδη τροφήν, καὶ λαβὲ τὸν σῖτον τὸν ἀποτιθέμενον εἰς τὴν οὐράνιον ἀποθήκην. ἡ γὰρ κριθὴ παραβάλλεται τῇ τῶν ἑτεροδόξων διδασκαλίᾳ, ὁ δὲ σῖτος τῇ ὀρθοτάτῃ τοῦ Χριστοῦ πίστει.

개미의 셋째 특성(은 이러합니다). 개미는 종종 추수 때에 밭으로 가서 곡식 이삭에 올라 낱알을 아래로 옮깁니다. 개미는 오르기 전에 이삭의 냄새를 맡아서, 그 냄새로 보리인지 밀인지를 압니다. 만일 보리라면 오르지 않고, 반대로 밀이라면 올라가서 씨앗을 아래로 옮깁니다. 이는 욥이 "밀 대신에 내게 보리가 자라나리라." 라고 말한 것처럼, 보리가 짐승들의 먹이이기 때문입니다.

그러므로 그대도 짐승의 먹이를 피하고, 하늘 곳간에 저장된 밀알을 취하십시오. 보리가 이교의 가르침에서 나온 것인 반면, 밀알은 그리스도에 대한 가장 올바른 믿음에서 나온 것이기 때문입니다.

Gr13-1. Περὶ σειρήνων καὶ ἱπποκενταύρων

Ἐλάλησεν Ἡσαΐας ὁ προφήτης ὅτι "δαιμόνια καὶ σειρῆνες καὶ ἐχῖνοι ὀρχισθήσονται ἐν Βαβυλῶνι."[49] ὁ Φυσιολόγος ἔλεξε περὶ τῶν σειρήνων καὶ τῶν ἱπποκενταύρων· εἰσὶ ζῷα ἐν τῇ θαλάσσῃ λεγόμενα σειρῆνες, ὡς δὲ μοῦσαι ταῖς φωναῖς ᾄδουσιν εὐμελῶς, καὶ οἱ παραπλέοντες ἐὰν ἀκούσωσι τῆς μελῳδίας αὐτῶν, ρίπτουσιν ἑαυτοὺς ἐν τῇ θαλάσσῃ καὶ ἀπόλλυνται. καὶ τὸ μὲν ἥμισυ μέρος ἕως τοῦ ὀμφαλοῦ ἀνθρώπου ἔχουσι μορφήν, τὸ δὲ ἥμισυ ἕως ἔξω χηνός. ὁμοίως καὶ οἱ ἱπποκένταυροι τὸ μὲν

---

49   사 13.21: καὶ ἀναπαύσονται ἐκεῖ θηρία καὶ ἐμπλησθήσονται αἱ οἰκίαι ἤχου καὶ ἀναπαύσονται ἐκεῖ *σειρῆνες καὶ δαιμόνια ἐκεῖ ὀρχήσονται*.

ἥμισυ μέρος ἀνθρώπου ἔχουσι, τὸ δὲ ἥμισυ ἀπὸ τοῦ στήθους ἕως ἔξω ἵππου.

Οὕτω καὶ πᾶς ἀνὴρ δίψυχος ἀκατάστατος ἐν πάσαις ταῖς ὁδοῖς αὐτοῦ. εἰσί τινες συναγόμενοι ἐν τῇ Ἐκκλησίᾳ, μόρφωσιν μὲν ἔχοντες εὐσεβείας, τὴν δὲ δύναμιν αὐτῆς ἠρνημένοι, καὶ ἐν τῇ Ἐκκλησίᾳ ὡς ἄνθρωποι μέν εἰσιν, ὅταν δὲ ἐκ τῆς Ἐκκλησίας ἀπολυθῶσιν, ἀποθηριοῦνται. οἱ τοιοῦτοι οὖν σειρήνων καὶ ἱπποκενταύρων πρόσωπον λαμβάνουσι, τῶν ἀντικειμένων, λέγω, δυνάμεων καὶ ἐμπαικτῶν αἱρετικῶν· διὰ γὰρ τῆς χρηστολογίας αὐτῶν καὶ εὐλογίας, ὡς αἱ σειρῆνες, ἐξαπατῶσι τὰς καρδίας τῶν ἀκάκων. "φθείρουσι γὰρ ἤθη χρηστὰ ὁμιλίαι κακαί."[50]

Καλῶς οὖν ὁ Φυσιολόγος ἔλεξε περὶ τῶν σειρήνων καὶ τῶν ἱπποκενταύρων.

Gr13-1. 세이렌과 히포켄타우로스에 관하여

선지자 이사야는 말하였습니다. "악령들과 세이렌들과 고슴도치들이 바빌로니아에서 춤추리라."[51] 피지올로구스가 세이렌과 히포켄타우로스에 관하여 말하기를, 바다에는 세이렌이라 불리는 동물이 있는데, 무사[52]처럼, 아름다운 소리로 노래합니다. 항해자들이 세이렌의 소리를 들으면 자신을 바다에 던져 멸망당하고 맙니다. 그것은 배꼽까지 절반은 사람의 모습이며, 나머지 절반은 거위의 모습입니다. 마찬가지로 히포켄타우로스도 절반은 사람의 모습이며, 가슴부터 나머지 절반은 말의 모습입니다.

---

50 고전 15.33: μὴ πλανᾶσθε· *φθείρουσιν ἤθη χρηστὰ ὁμιλίαι κακαί.*

51 개역개정판은 다음과 같다: "타조가 거기에 깃들이며 들양이 거기에서 뛸 것이요".

52 '무사'(Μοῦσα)는 그리스 신화에서 음악과 시를 관장하는 여신이다.

이렇게 두 마음을 가진 모든 사람은 자기의 모든 길에서 불안정합니다. 어떤 이들은 교회에 모여 있으나, 한편으로는 경건한 모습을 하면서도, 다른 한편으로는 그 능력은 부인하니, 이들은 교회에서는 사람의 모습을 하나, 교회를 떠나면 짐승으로 돌변합니다. 그러므로 이러한 자들은 세이렌과 히포켄타우로스의 얼굴을 가졌으니, 이것들은 곧 대적자들의 권세이며 거짓말쟁이인 이단자들입니다. 그들은 세이렌처럼 선한 말과 좋은 언변을 통하여 선한 이들의 마음을 속입니다. "나쁜 교제는 좋은 습관을 망친다." 그러므로 피지올로구스는 세이렌과 히포켄타우로스에 관하여 잘 설명해 주었습니다.

Gr13-2. Περὶ σειρήνων καὶ ἱπποκενταύρων

"Φθείρουσιν ἤθη καλὰ ὁμιλίαι κακαί,"[53] φησὶν ὁ θεῖος Ἀπόστολος. ὁ Φυσιολόγος ἔλεξεν ὅτι λέγεται εἶναι ζῷα τινά, ἄρρεν καὶ θῆλυ· τὸ μὲν ἄρρεν ἕως τοῦ ὀμφαλοῦ ἄνθρωπος, τὸ δὲ λοιπὸν ἵππος· ὁμοίως καὶ τὸ θῆλυ ἕως τοῦ ὀμφαλοῦ ἔοικε γυναικί, τὸ δὲ λοιπὸν χηνὸς μόρφωμα, ὃ καλεῖται σειρήν. "σειρήνων γὰρ μέλος," φησὶν ὁ Ἰώβ.

Ταῦτα τοιγαροῦν πρόσωπα λαμβάνουσι τῶν ἀντικειμένων δυνάμεων καὶ τῶν ἀθέων καὶ πλάνων αἱρετικῶν. εἰσὶ γάρ, εἰσί τινες ὑποκρίσεων μεστοί, πλάνοι τε καὶ ἀπατεῶνες, οἵτινες, ἐν τῇ Ἐκκλησίᾳ τοῦ Θεοῦ παρεισδύναντες, διὰ τῆς χρηστολογίας αὐτῶν ἐξαπατῶσι τὰς καρδίας τῶν ἀκάκων. ἀλλ' ἡμεῖς τούτους φύγωμεν, μὴ συναπατώμενοι ταῖς αὐτῶν ψευδοδιδασκαλίαις· καὶ γὰρ ὥσπερ λέγεται ταῦτα τὰ ζῷα εἶναι, οὐκ εἰσὶ δέ, ἀλλὰ διανοίας εἰσὶν ἀνάπλασμα κακοδαίμονος, οὕτω καὶ ἡ

---

53   고전 15.33: μὴ πλανᾶσθε· *φθείρουσιν ἤθη χρηστὰ ὁμιλίαι κακαί*.

τῶν πλάνων καὶ ψευδοχρίστων ἀπατηλὴ ψευδολογία. μόρφωσιν γὰρ εὐσεβείας ἔχουσι, τὴν δὲ δύναμιν αὐτῆς ἤρνηνται.[54]

Gr13-2. 세이렌과 히포켄타우로스에 관하여

거룩한 사도가 말합니다. "나쁜 교제는 좋은 습관을 망친다." 피지올로구스는 말하기를, 어떤 생물이 있는데, 그것은 암컷과 수컷이 있다고 합니다. 먼저 수컷인 것은 배꼽까지는 사람이고, 나머지는 말입니다. 마찬가지로 암컷인 것은 배꼽까지는 여자를 닮았고, 나머지는 거위의 모습인데, 그것은 세이렌이라고 불립니다. 욥은 말합니다. "세이렌의 노래라."

그러므로 이들은 대적자들의 권세이며 무신론과 오류로 점철된 이단자들의 모습을 가집니다. 이는 그들이 위선으로 가득하며 오류로 점철되고 기만하는 자이기 때문인데, 이들은 하나님의 교회에 침투하여, 자기들의 좋은 말로 선한 이들의 마음을 속이기 때문입니다. 그러나 우리는 그들의 거짓 가르침에 속지 말며, 그들을 피합시다. 그들은 동물이라고 말해지나 실상은 그러하지 않고, 오히려 악령의 관념이 형상화된 것처럼, 오류로 점철된 이들과 거짓 그리스도의 교활한 거짓 가르침입니다. 이는 그들이 경건의 모양은 있으나, 그 능력은 부인하기 때문입니다.

54　딤후 3.5: *ἔχοντες μόρφωσιν εὐσεβείας τὴν δὲ δύναμιν αὐτῆς ἠρνημένοι·* καὶ τούτους ἀποτρέπου.

14. 고슴도치

Gr14 Y16 B13 C16

Gr14. Περὶ ἐχίνου

Οἱ ἐχῖνοι μορφὴν σφαίρας ἔχουσι καὶ ὁμοίωμα συός, καὶ ὁλόκεντροί εἰσιν. Ὁ Φυσιολόγος ἔλεξε περὶ τοῦ ἐχίνου ὅτι ἀναβαίνει, φησίν, ἐπὶ τὴν ἄμπελον, καὶ ἔρχεται εἰς τὸν βότρυν, καὶ καταβάλλει τὰς ῥᾶγας ἐπὶ τὴν γῆν, καὶ ἀνακλίνει ἑαυτὸν ἐν αὐταῖς, καὶ βάλλει ἑαυτὸν ἄνω βλέποντα, καὶ κολλῶνται αἱ ῥᾶγες εἰς τὰ αὐτοῦ κέντρα, καὶ ἀπάγει τοῖς τέκνοις, καὶ ἀφίησι τὸ κλῆμα τοῦ βότρυος κενόν.

Καὶ σὺ οὖν, ὦ πολιτευτά, παράστηθι τῇ νοερᾷ καὶ ἀληθινῇ ἀμπέλῳ τοῦ ἐνεχθῆναί σε εἰς τὴν νοερὰν ληνὸν καὶ ἀποταμιευθῆναί σε εἰς αὐλὰς βασιλείας, καὶ ἐπὶ τὸ ἅγιον βῆμα τοῦ Χριστοῦ χωρῆσαι. πῶς γὰρ ἀφῆκας τὸν ἐχῖνον, τὸ πονηρὸν πνεῦμα, ἀναβῆναι ἐπὶ τὴν καρδίαν σου, καὶ δίκην βότρυος ἀφεῖναί σε ἔρημον, μὴ ἔχοντα ὅλως ἀκρέμονα ἐν σοί; [Δικαίως οὖν ὁ Φυσιολόγος ἐφ' ἡμῶν ἥρμοσε τὰς φύσεις τῶν ζῴων τῇ θεοπνεύστῳ γραφῇ].

Gr14. 고슴도치에 관하여

고슴도치는 공의 모양을 하고 있으며 돼지를 닮았는데, 온통 가시로 덮혀 있습니다. 피지올로구스가 고슴도치에 관하여 말하기를, 고슴도치는 포도나무 위로 올라가 포도송이에 다가가서는 땅 위로 포도알을 던진다고 합니다. 그리고 포도알 위에서 뒹굴고 위를 바라본 채 자신을 뒤집습니다. 포도알이 고슴도치의 가시에 달라붙으면, 새끼들에게로 가져가고, 앙상한 포도나무 가지는 내버립니다.

그러므로 그대, 자유인[55]이여, 그대는 가지적(可知的)이고 참된 포도나무 곁에 서십시오. 가지적(可知的)인 포도즙 틀 안에 담기고 왕궁 뜰 안에 저장되어 그리스도의 거룩한 법정으로 나아가도록 말입니다. 어째서 그대는 고슴도치, 곧 악한 영이, 그대의 마음 위로 올라가, 그대가 그대 안에서 가지를 뻗지 못한 채로, 포도나무처럼 황폐해지도록 내버려둡니까?

[그러므로 피지올로구스는 우리에 대하여 하나님의 영감을 받은 성경 속 동물들의 특성을 적절하게 해석해주었습니다.]

---

55 고대 로마에서 사람의 신분은 '자유인'(liber)과 '종'(servus)으로 나뉘었다. 여기서 사용된 '자유인'으로 번역된 그리스어 '폴리테스'(πολίτης)는 고대 그리스의 폴리스에서 자유인 신분인 '시민'을 의미하며, 이 문헌에서는 그리스도를 통해 죽음의 종으로서 속박을 벗어난 존재인 '그리스도인'을 의미한다.

15. 여우

Gr15 Y18 B15 C17

Gr15. Περὶ ἀλώπεκος

Ὁ Φυσιολόγος ἔλεξε περὶ τῆς ἀλώπεκος ὅτι δόλιον ζῷόν ἐστιν. ἐὰν γὰρ πεινάσῃ καὶ μὴ εὕρῃ θήραν φαγεῖν, ζητεῖ ποῦ εὕρῃ τέλμα τῆς γῆς ἢ ἀχυροθήκην, καὶ βάλλει ἑαυτὴν ἄνω βλέπουσαν, καὶ ἕλκει τὰς πνοὰς εἰς ἑαυτήν, καὶ φυσᾶται παντελῶς· καὶ νομίζοντα τὰ πετεινὰ ὅτι τέθνηκε, κατασκηνοῦσιν ἐπάνω αὐτῆς τοῦ φαγεῖν αὐτήν, καὶ οὕτως, ἀναστᾶσα, ἁρπάζει αὐτὰ καὶ κατεσθίει.

Οὕτω καὶ ὁ διάβολος δόλιός ἐστι παντελῶς καὶ αἱ πράξεις αὐτοῦ· ὁ θέλων μεταλαβεῖν τῶν σαρκῶν αὐτοῦ, ἀποθνήσκει. αἱ σάρκες γὰρ αὐτοῦ εἰσιν αὗται· πορνεῖαι, φιλαργυρίαι, ἡδοναί, φόνοι. Ἐκ τούτου καὶ ὁ

Ἡρώδης παρεπλησίασε τῇ ἀλώπεκι, καὶ ὁ γραμματεὺς ἀκούσας παρὰ τοῦ Σωτῆρος· "αἱ ἀλώπεκες φωλεοὺς ἔχουσι καὶ τὰ πετεινὰ τοῦ οὐρανοῦ κατασκηνώσεις."[56] καὶ ἐν τοῖς Ἄισμασιν ὁ Σολομὼν λέγει· "πιάσατε ἡμῖν ἀλώπεκας μικράς, ἀφανιζούσας τοὺς ἀμπελῶνας."[57] καὶ ὁ Δαυὶδ ἐν τοῖς Ψαλμοῖς λέγει· "μερίδες ἀλωπέκων ἔσονται,"[58] καὶ τὰ ἑξῆς.
Καλῶς οὖν ὁ Φυσιολόγος ἔλεξε περὶ τῆς ἀλώπεκος.

Gr15. 여우에 관하여

피지올로구스가 여우에 관하여 말하기를, 여우는 교활한 동물이라고 합니다. 여우는 허기지고 먹을 것을 찾지 못하면, 진흙탕이나 볏짚이 있는 곳을 찾아서 위를 바라본 채 드러눕습니다. 그리고 자기에게로 숨을 들이쉬어 완전히 부풀립니다. 그러면 새들은 여우가 죽었다고 생각하고는 여우를 먹기 위해 그 위로 내려앉습니다. 그리고 이렇게 여우가 일어나서는 새들을 잡아서 먹습니다.

이렇게 악마와 그의 행실은 완전히 교활하므로, 그의 육신에 참여하기를 원하는 자는 죽습니다. 마귀의 육신은 음란, 돈을 사랑함, 쾌락, 살인이기 때문입니다. 이러므로 헤롯은 여우에 비유되었고, 한 서기관은 구원자께 들었습니다. "여우도 굴이 있고 공중의 새도 둥지가 있다." 솔로몬은 아가에서 말합니다. "우리를 위하여 포도원을 허는 작은 여우를 잡으라." 또 다윗은 시편에서 말합니다. "그들은 여우의 밥이 될 것이다." 기타 등등.

그러므로 피지올로구스는 여우에 관하여 잘 설명해 주었습니다.

---

56 마 8.20: καὶ λέγει αὐτῷ ὁ Ἰησοῦς· *αἱ ἀλώπεκες φωλεοὺς ἔχουσιν καὶ τὰ πετεινὰ τοῦ οὐρανοῦ κατασκηνώσεις*, ὁ δὲ υἱὸς τοῦ ἀνθρώπου οὐκ ἔχει ποῦ τὴν κεφαλὴν κλίνη.

57 아 2.15: *πιάσατε ἡμῖν ἀλώπεκας μικροὺς ἀφανίζοντας ἀμπελῶνας* καὶ αἱ ἄμπελοι ἡμῶν κυπρίζουσιν.

58 시 63.10(LXX 62.11): παραδοθήσονται εἰς χεῖρας ῥομφαίας *μερίδες ἀλωπέκων ἔσονται*.

16. 표범

Gr16. Περὶ πάνθηρος

Ὁ προφήτης προεφήτευσε καὶ εἶπεν· "ἐγενόμην ὡς πάνθηρ τῷ Ἐφραΐμ."[59] ὁ Φυσιολόγος ἔλεξε περὶ τοῦ πάνθηρος ὅτι τοιαύτην φύσιν ἔχει· πάντων τῶν ζῴων φίλτατόν ἐστιν, ἐχθρὸν δὲ μόνου τοῦ δράκοντος· παμποίκιλόν ἐστιν ὡς ὁ χιτὼν τοῦ Ἰωσὴφ καὶ ὡραῖον, ἡσύχιον δὲ καὶ πρᾷον πάνυ. Ἐὰν φάγῃ καὶ χορτασθῇ, κοιμᾶται ἐν τῷ φωλεῷ αὐτοῦ, καὶ τῇ τρίτῃ ἡμέρᾳ ἐγείρεται ἐκ τοῦ ὕπνου, καὶ βοᾷ μεγάλῃ τῇ φωνῇ κράζων, καὶ οἱ μακρὰν καὶ ἐγγὺς θῆρες ἀκούουσι τῆς τούτου φωνῆς· ἐκ

59　호 5.14: διότι *ἐγώ εἰμι ὡς πανθὴρ τῷ Εφραιμ* καὶ ὡς λέων τῷ οἴκῳ Ιουδα καὶ ἐγὼ ἁρπῶμαι καὶ πορεύσομαι καὶ λήμψομαι καὶ οὐκ ἔσται ὁ ἐξαιρούμενος.

δὲ τῆς φωνῆς αὐτοῦ πᾶσα εὐωδία ἀρωμάτων ἐξέρχεται, καὶ ἀκολουθοῦντες οἱ θῆρες τῇ εὐωδίᾳ τῆς φωνῆς τοῦ πάνθηρος, ἔρχονται ἔγγιστα αὐτοῦ.

Οὕτω καὶ ὁ Κύριος ἡμῶν Ἰησοῦς Χριστὸς τῇ τρίτῃ ἡμέρᾳ ἀναστὰς ἐκ τῶν νεκρῶν, ἐβόησε· "σήμερον σωτηρία τῷ κόσμῳ, ὅσος τε ὁρατὸς καὶ ὅσος ἀόρατος,"[60] καὶ πᾶσα εὐωδία ἐγένετο ἡμῖν, τοῖς μακρὰν καὶ τοῖς ἐγγύς, καὶ εἰρήνη, ὡς εἶπεν ὁ Ἀπόστολος. Παμποίκιλός ἐστιν ἡ νοερὰ σοφία τοῦ Θεοῦ, ὡς καὶ ἐν τῷ Ψαλμῷ εἴρηται· "παρέστη ἡ βασίλισσα ἐκ δεξιῶν σου, ἐν ἱματισμῷ διαχρύσῳ περιβεβλημένη πεποικιλμένη,"[61] ἥτις ἐστὶν ἡ Ἐκκλησία. Παμποίκιλός ἐστιν ὁ Χριστός, αὐτὸς ὢν παρθενία, ἐγκράτεια, ἐλεημοσύνη, πίστις, ἀρετή, ὁμόνοια, εἰρήνη, μακροθυμία,[62] ἀλλὰ καὶ ἐχθρός ἐστι τοῦ ἀποστάτου δράκοντος, τοῦ ἐν τῷ ὕδατι. Οὐδὲν οὖν ἀσκόπως, ὡς εἴρηται, περὶ πετεινῶν καὶ θηρίων ἐλάλησαν αἱ θεῖαι Γραφαί.

Καλῶς οὖν ὁ Φυσιολόγος ἔλεξε περὶ τοῦ πάνθηρος.

Gr16. 표범에 관하여

예언자는 예언하며 말하였습니다. "나는 에브라임에게 표범[63]처럼 되었으니." 피지올로구스가 표범에 관하여 말하기를, 이러한 특성이 있다고 합니다. 표범은 모든 동물에게 매우 우호적이나, 용에게만큼은 적대적입니다.

---

60 눅 19.9: εἶπεν δὲ πρὸς αὐτὸν ὁ Ἰησοῦς ὅτι **σήμερον σωτηρία τῷ οἴκῳ τούτῳ** ἐγένετο, καθότι καὶ αὐτὸς υἱὸς Ἀβραάμ ἐστιν.

61 시 45.9(LXX 44.10): θυγατέρες βασιλέων ἐν τῇ τιμῇ σου **παρέστη ἡ βασίλισσα ἐκ δεξιῶν σου ἐν ἱματισμῷ διαχρύσῳ περιβεβλημένη πεποικιλμένη**.

62 갈 5.22: ὁ δὲ καρπὸς τοῦ πνεύματός ἐστιν ἀγάπη χαρὰ **εἰρήνη, μακροθυμία** χρηστότης ἀγαθωσύνη, **πίστις**.

63 개역개정판에는 '사자'라고 번역되어 있다.

표범은 요셉의 색동옷처럼 여러 색을 가지고 있고, 조용하고 무척 온순합니다. 그것은 먹고 배가 부르면, 자기 굴에서 잠을 잡니다. 그리고 3일 만에 잠에서 일어나, 큰 소리로 울부짖는데, 그러면 멀고 가까운 데에 있는 짐승들이 이 소리를 듣습니다. 그런데 그것의 소리에서는 온갖 감미로운 향기가 나서, 짐승들은 표범의 소리에서 나는 향기를 따라, 그에게 가까이 옵니다.

이렇게 우리 주 예수 그리스도께서도 3일 만에 죽은 자들 가운데서 일어나셔서 외치셨습니다. "오늘 보이는 세상과 보이지 않는 세상에 구원이 임하였도다." 또한 온갖 향기가 멀고 가까운데 있는 우리에게 나타났으니, 이 향기는 사도가 말한 것처럼 평화입니다. 하나님의 가지적(可知的)인 지혜는 여러 색을 가지고 있으니, 시편에서 말해진 것과 같습니다. "금으로 수놓은 옷으로 치장하고서, 여왕이 그대[64]의 우편에 서리라." 여왕은 곧 교회입니다. 그리스도는 순결, 절제, 자비, 충성, 미덕, 화합, 화평, 오래 참음으로서 여러 색을 가지고 계시며, 또한 반역자인 물 속의 용에게 적대적이십니다. 따라서 말한 바와 같이 성서는 새나 동물들에 관하여 아무것도 경솔하게 말하지 않습니다.

그러므로 피지올로구스는 표범에 관하여 잘 설명해 주었습니다.

64　'왕'을 의미한다.

17. 고래 아스피도켈로네

Gr17 Y30 B24 C19 C20

Gr17. Περὶ ἀσπιδοχελώνης

Ὁ Σολομὼν ἐν ταῖς Παροιμίαις παραινεῖ λέγων· "μὴ πρόσεχε φαύλῃ γυναικί· μέλι γὰρ ἀποστάζει ἀπὸ χειλέων γυναικὸς πόρνης, ἢ πρὸς καιρὸν λιπαίνει σὸν φάρυγγα, ὕστερον μέντοι πικρότερον χολῆς εὑρήσεις καὶ ἠκονημένον μᾶλλον μαχαίρας διστόμου. τῆς γὰρ ἀφροσύνης οἱ πόδες κατάγουσι τοὺς χρωμένους αὐτῇ μετὰ θάνατον εἰς τὸν Ἅιδην."[65]

Ἔστι κῆτος ἐν τῇ θαλάσσῃ ἀσπιδοχελώνη λεγόμενον, δύο φύσεις ἔχον. Πρώτη αὐτοῦ φύσις αὕτη· ἐὰν πεινάσῃ, ἀνοίγει αὐτοῦ τὸ στόμα, καὶ πᾶσα εὐωδία ἀρωμάτων ἐκ τοῦ στόματος αὐτοῦ ἐξέρχεται, καὶ ὀσφραίνονται οἱ μικροὶ ἰχθύες, καὶ στοιβάζονται εἰς τὸ στόμα αὐτοῦ, καὶ καταπίνει αὐτούς· τοὺς δὲ μεγάλους καὶ τελείους ἰχθύας οὐχ εὑρίσκω ἐγγίζοντας τῷ κήτει.

Οὕτω καὶ ὁ διάβολος καὶ οἱ αἱρετικοὶ διὰ τῆς χρηστολογίας καὶ ἀπάτης, τῆς δοκούσης εἶναι εὐωδίας, δελεάζουσι τοὺς νηπιώδεις καὶ ἀτελεῖς τὴν

---

[65] 잠 5.3-5: *μὴ πρόσεχε φαύλῃ γυναικί μέλι γὰρ ἀποστάζει ἀπὸ χειλέων γυναικὸς πόρνης ἢ πρὸς καιρὸν λιπαίνει σὸν φάρυγγα ὕστερον μέντοι πικρότερον χολῆς εὑρήσεις καὶ ἠκονημένον μᾶλλον μαχαίρας διστόμου τῆς γὰρ ἀφροσύνης οἱ πόδες κατάγουσιν τοὺς χρωμένους αὐτῇ μετὰ θανάτου εἰς τὸν ᾅδην* τὰ δὲ ἴχνη αὐτῆς οὐκ ἐρείδεται.

διάνοιαν, τοὺς δὲ τελείους τὸ φρόνημα ἀκατασχέτους ἔχουσιν, οἷον Ἰὼβ τέλειος ἰχθύς, Μωϋσῆς, Ἠσαΐας, Ἰερεμίας, καὶ πᾶς ὁ χορὸς τῶν προφητῶν· ὡς ἐξέφυγεν Ἰουδὴθ Ὀλοφέρνην, Ἐσθὴρ Ἀρταξέρξην, Σωσάννα τοὺς πρεσβυτέρους, Θέκλα Θάμυριν.

Ἡ δὲ ἄλλη φύσις τοῦ κήτους· μέγα ἐστὶ πάνυ, ὅμοιον νήσῳ· ἀγνοοῦντες οὖν οἱ ναῦται, δεσμεύουσι τὰ πλοῖα αὐτῶν εἰς αὐτὸ ὡς ἐν νήσῳ, καὶ τὰς ἀγκύρας καὶ τοὺς πασσάλους τῶν πλοίων πήσσουσιν, ἅπτουσι δὲ ἐπάνω τοῦ κήτους πυρὰν εἰς τὸ ἐψῆσαι ἑαυτοῖς τι· ἐπὰν δὲ θερμανθῇ, δύνει εἰς τὸν βυθὸν καὶ βυθίζει τὰ πλοῖα. Καὶ σὺ οὖν, ἐὰν κρεμάσῃς σεαυτὸν τῇ ἐλπίδι τοῦ διαβόλου, βυθίζει σε ἅμα αὐτῷ εἰς τὴν γέενναν τοῦ πυρός. Καλῶς οὖν ὁ Φυσιολόγος ἔλεξε περὶ τῆς ἀσπιδοχελώνης.

Gr17. 아스피도켈로네에 관하여

솔로몬은 잠언에서 교훈합니다. "어리석은 여자에게 관심 주지 말아라. 창녀의 입술에서는 꿀이 떨어지기 때문이니, 그가 잠깐은 네 입을 기쁘게 하리라. 그러나 나중에는 그것이 쓸개보다 더 쓰다는 것과 양날의 검보다 더 날카롭다는 것을 알게 되리라. 어리석은 발은 그와 어울리는 자들을 죽음과 함께 음부로 끌어내리기 때문이다."

바다에 아스피도켈로네라고 불리는 고래(바다 괴물)가 있는데, 두 가지 특성을 가집니다. 그것의 첫째 특성은 이러합니다. 이 고래는 배가 고프면, 자기의 입을 열어서, 온갖 감미로운 향기를 자기의 입에서 내뿜습니다. 그러면 작은 물고기들이 그 냄새를 맡고서 고래의 입 안에 모여드는데, 고래는 그 물고기들을 삼켜버립니다. 그러나 나는 크고 온전한 물고기들이 그 고래에게 가까이 가는 것을 보지 못했습니다.

이렇게 악마와 이단자들도 향기처럼 여겨지는 그럴싸한 가르침과 속임수를 통하여 관념이 미숙하고 완전하지 않은 이들을 유혹합니다. 그러나 정신이 완전한 이들은 좌지우지할 수 없으니, 이들은 완전한 물고기인 욥, 모세, 이사야, 예레미야, 그리고 모든 예언자들의 무리와 같은 자들입니다. 이는 마치 유딧이 홀로페르네스로부터,[66] 에스더가 아하수에로로부터, 수산나가 노인들로부터,[67] 테클라가 타미리스로부터[68] 벗어난 것과 같습니다.

그 고래의 다른 특성은 이러합니다. 그것은 매우 커서 섬을 닮았습니다. 그러므로 선원들은 (그것도)모르고서, 자기들의 배를 섬처럼 생긴 그것에 정박시키고, 배의 닻을 내리고 쐐기를 박습니다. 그리고 자기들을 위해 무언가를 데우려고 그 고래 위에다 불을 지핍니다. 그래서 따뜻해지면, 그것은 심연으로 내려가 배를 가라앉힙니다. 그러므로 그대도 악마에게 소망을 둔다면, 그는 자기와 함께 불의 게헨나(지옥)으로 그대를 가라앉혀 버릴 것입니다.

그러므로 피지올로구스는 아스피도켈로네에 관하여 잘 설명해 주었습니다.

---

66 LXX에 수록된 구약외경 중 '유딧기'에 나오는 내용이다. 유대아의 과부 유딧은 앗시리아(앗수르) 제국의 군대가 침공하자, 앗시리아 군대의 장군인 홀로페르네스에게 투항한다. 그러자 홀로페르네스는 유딧을 데려다가 연회를 즐기며 술에 취하게 되고, 그와 함께 있던 유딧은 그의 목을 베어 죽여버린다.

67 LXX의 '다니엘서'에는 일부 외경의 내용이 붙어 있다. 그중 70인역 '다니엘서'에 추가되는 내용 중 13장에는 수산나라는 여인의 이야기가 나온다. 어느 날 두 명의 유대인 원로들이 음욕을 품고서 요야킴의 아내 수산나를 강간하려는 계획을 품는다. 하지만 수산나의 반발로 이는 실패하고, 두 노인은 수산나를 거짓으로 고발하여 그를 죽이려고 한다. 억울한 수산나는 하나님께 기도하였고, 기도를 들으신 하나님은 다니엘을 통해 두 노인의 거짓 고발을 밝혀내심으로써 수산나를 구원하신다.

68 신약외경인 '바울-테클라 행전'에 나오는 내용이다. '바울-테클라 행전'에 따르면, 테클라는 바울의 설교를 듣고서 그리스도를 영접하고 동정을 지키기로 결심하나, 이로 인해 그의 약혼자였던 타미리스가 바울과 테클라를 총독에게 고발한다. 이로 인해 테클라는 야수에게 잡아먹히는 벌에 처해지지만, 하나님의 은총으로 야수들로부터 아무런 해도 입지 않았고, 끝까지 자기의 믿음을 지키며 복음을 전하는 자로 살아간다.

18. 자고새

Gr18. Περὶ πέρδικος

Ἰερεμίας ὁ προφήτης λέγει· "ἐφώνησε πέρδιξ, συνήγαγεν ἃ οὐκ ἔτεκε, ποιῶν πλοῦτον αὐτοῦ οὐ μετὰ κρίσεως· ἐν ἡμίσει ἡμερῶν αὐτοῦ καταλείψουσιν αὐτόν, καὶ ἐπ' ἐσχάτων αὐτοῦ ἔσται ἄφρων."[69]

Ὁ Φυσιολόγος ἔλεξε περὶ τοῦ πέρδικος ὅτι ἀλλότρια ᾠὰ θάλπει καὶ νοσσοποιεῖ· ἐπὰν δὲ αὐξήσωσιν, ἕκαστον γένος ἀνίπταται πρὸς τοὺς ἰδίους γονεῖς καὶ μόνον ἄφρονα ἀφιᾶσιν αὐτόν.

Οὕτω καὶ ὁ διάβολος ἁρπάζει τὸ γένος τῶν νηπίων ταῖς φρεσίν· ἐπὰν δὲ

---

69 렘 17.11: *ἐφώνησεν πέρδιξ συνήγαγεν ἃ οὐκ ἔτεκεν ποιῶν πλοῦτον αὐτοῦ οὐ μετὰ κρίσεως ἐν ἡμίσει ἡμερῶν αὐτοῦ ἐγκαταλείψουσιν αὐτόν καὶ ἐπ᾽ ἐσχάτων αὐτοῦ ἔσται ἄφρων.*

εἰς μέτρον ἡλικίας ἔλθωσιν, ἄρχονται ἐπιγινώσκειν τοὺς γονεῖς αὐτῶν τοὺς οὐρανίους, τουτέστι τὸν Χριστὸν καὶ τὴν Ἐκκλησίαν καὶ τοὺς ἁγίους προφήτας καὶ ἀποστόλους, καὶ μόνον ἄφρονα ἀφιᾶσιν αὐτόν. Καλῶς οὖν ἔλεξεν ὁ Φυσιολόγος περὶ τοῦ πέρδικος.

Gr18. 자고새에 관하여

예언자 예레미야는 말합니다. "자고새가 울며 자기가 낳지 않은 것들을 모았다. 불의로 재물을 모으는 자는 중년에 그것이 떠나겠고, 마지막에는 어리석은 자가 되리라."

피지올로구스가 자고새에 관하여 말하기를, 그것은 남의 알을 품으며 부화시킵니다. 그런데 새끼들이 자라나면, 각자 자기들의 부모에게 날아가버리며 어리석은 자고새를 홀로 남겨놓습니다.

이렇게 악마도 심적으로 미숙한 이들을 강탈합니다. 그러나 그들이 장성한 분량에 이르면, 자기의 하늘의 부모, 즉 그리스도와 교회와 거룩한 예언자들과 사도들을 깨닫기 시작하고, 어리석은 악마 홀로 남겨놓습니다.

그러므로 피지올로구스는 자고새에 관하여 잘 설명해 주었습니다.

19. 대머리독수리

Gr19 Y32

Gr19. Περὶ γυπός

Καλῶς ὁ Κύριος καὶ Σωτὴρ ἡμῶν εἶπεν ἐν τῷ εὐαγγελίῳ· "οὐαὶ ταῖς ἐν γαστρὶ ἐχούσαις καὶ ταῖς θηλαζούσαις ἐν ἐκείναις ταῖς ἡμέραις."[70] ὁ Φυσιολόγος ἔλεξε περὶ τοῦ γυπὸς ὅτι ἐν τοῖς ὑψηλοῖς τόποις καὶ μετεώροις αὐλίζεται, καὶ κοιμᾶται ἐπὶ τὰς ὑψηλὰς πέτρας ἢ ἐπὶ τὰ πτερύγια τῶν ὀρέων.

Ἐὰν οὖν ἔγκυος γένηται, πορεύεται ἐν τῇ Ἰνδίᾳ καὶ λαμβάνει τὸν εὐτόκιον λίθον. ὁ δὲ λίθος κατὰ τὸ κάρυον ἔχει τὴν περιφέρειαν, καὶ ἐὰν

---

70 마 24.19: *οὐαὶ δὲ ταῖς ἐν γαστρὶ ἐχούσαις καὶ ταῖς θηλαζούσαις ἐν ἐκείναις ταῖς ἡμέραις.*

θέλῃς αὐτὸν κινῆσαι, ἄλλος λίθος ἔνδον αὐτοῦ σαλεύεται, ὥσπερ κώδων κρούων καὶ ἠχῶν· ἐὰν δὲ καὶ ἡ ὠδίνουσα αὐτὸν καταλάβῃ, κάθηται ἐπάνω τοῦ εὐτοκίου λίθου καὶ ἀπόνως γεννᾷ.

Καὶ σὺ οὖν, ὦ ἄνθρωπε, γενόμενος ἐγκύμων ἁγίου Πνεύματος, λαβὲ τὸν νοερὸν εὐτόκιον λίθον, τὸν ἀποδοκιμασθέντα παρὰ τῶν οἰκοδομούντων, ὃς ἐγεννήθη εἰς κεφαλὴν γωνίας, καὶ ἐπ' αὐτὸν καθεσθείς, ὡς εἶπεν Ἡσαΐας ὁ προφήτης, τέκῃς πνεῦμα σωτηρίας· "διὰ γὰρ τὸν φόβον σου, Κύριε, ἐν γαστρὶ ἐλάβομεν καὶ ὠδινήσαμεν καὶ ἐτέκομεν πνεῦμα σωτηρίας σου, ὃ ἐποιήσαμεν ἐπὶ τῆς γῆς."[71] ἀληθῶς γὰρ εὐτόκιος ἁγίου Πνεύματος οὗτος ὁ λίθος, ὁ Κύριος ἡμῶν Ἰησοῦς Χριστός, ἄνευ χειρῶν τμηθείς, τουτέστιν ἄνευ σπορᾶς ἀνθρώπου ἐκ Παρθένου γεννηθείς, καὶ ὥσπερ ὁ εὐτόκιος λίθος ἄλλον λίθον ἔνδον εἶχεν ἠχοῦντα, οὕτω καὶ τοῦ Κυρίου τὸ σῶμα ἔνδον εἶχεν ἠχοῦσαν τὴν θεότητα.

Καλῶς οὖν ὁ Φυσιολόγος εἶπε περὶ τοῦ γυπός.

Gr19. 대머리독수리에 관하여

우리 구원자이신 주님께서 복음서에서 잘 말씀해주셨습니다. "그 날에는 아이 밴 자들과 젖 먹이는 자들에게 화가 있으리라." 피지올로구스가 대머리독수리에 관하여 말하기를, 그것은 높은 곳과 절벽에 둥지를 두며, 높은 바위 위나 산의 정상에서 잠을 잡니다.

그런데 대머리독수리가 알을 배면, 인도로 가서 해산석(解産石)[72]을 취합니다. 그 돌은 호두처럼 둥근 둘레를 가지며, 만약 그 돌을 흔들어 보려고 하

---

71 사 26.17-18: καὶ ὡς ἡ ὠδίνουσα ἐγγίζει τοῦ τεκεῖν καὶ ἐπὶ τῇ ὠδῖνι αὐτῆς ἐκέκραξεν οὕτως ἐγενήθημεν τῷ ἀγαπητῷ σου **διὰ τὸν φόβον σου κύριε ἐν γαστρὶ ἐλάβομεν καὶ ὠδινήσαμεν καὶ ἐτέκομεν πνεῦμα σωτηρίας σου ἐποιήσαμεν ἐπὶ τῆς γῆς** ἀλλὰ πεσοῦνται οἱ ἐνοικοῦντες ἐπὶ τῆς γῆς.

72 이를 직역하면, '해산에 좋은 돌'이라는 뜻이다.

면 그 안에 다른 돌이 있어서 마치 종처럼 부딪혀 소리 나며 흔들립니다. 산고를 겪는 대머리독수리가 해산석을 얻으면, 그는 그 해산석 위에 앉아 어려움 없이 출산합니다.

그러므로 사람이여, 그대도 성령을 배어, 가지적(可知的)인 해산석을 취하십시오. 해산석은 건축가들에게서 측량되지 않은, 모퉁이의 머릿돌로 태어나신 분이시니, 그대가 그 위에 두어지면, 이사야 예언자가 말한 것처럼, 구원의 영을 낳게 될 것입니다. "주여, 당신을 경외함으로 우리는 잉태하였고 산고를 겪었으며, 당신의 구원의 영을 낳았습니다. 우리가 이 일을 이 세상에서 행했습니다." 참으로 그 돌은 성령을 해산하는 분, 곧 우리 주 예수 그리스도이시니, 그는 손도 대지 않고 잘린 돌, 즉 사람의 씨앗 없이도 동정녀에게서 나신 분이십니다. 해산석이 소리 내는 다른 돌을 그 안에 지닌 것처럼, 주님의 몸도 그 안에 소리 내는 신성을 지녔습니다.

그러므로 피지올로구스는 대머리독수리에 관하여 설명해 주었습니다.

20. 개미사자

Gr20. Περὶ μυρμηκολέοντος

Ἐλιφὰζ ὁ Θαιμανῶν βασιλεὺς ἔλεξε· "μυρμηκολέων ὤλετο παρὰ τὸ μὴ ἔχειν βοράν."[73] ὁ Φυσιολόγος ἔλεξε περὶ τοῦ μυρμηκολέοντος ὅτι τὰ μὲν ἐμπρόσθια ἔχει λέοντος, τὰ δὲ ὀπίσθια μύρμηκος. ὁ μὲν πατὴρ σαρκοφάγος ἐστίν, ἡ δὲ μήτηρ ὄσπρια τρώγει, ὅταν δὲ γεννῶσι τὸν μυρμηκολέοντα, γεννῶσιν αὐτὸν δύο φύσεις ἔχοντα, καὶ οὐ δύναται φαγεῖν κρέα διὰ τὴν φύσιν τῆς μητρός, οὐδὲ ὄσπρια διὰ τὴν φύσιν τοῦ πατρός· ἀπόλλυται οὖν διὰ τὸ μὴ ἔχειν τροφήν.

Οὕτω καὶ πᾶς ἀνὴρ δίψυχος ἀκατάστατος ἐν πάσαις ταῖς ὁδοῖς αὐτοῦ.[74] οὐ χρὴ βαδίζειν δύο τρίβους, οὐδὲ δισσὰ λέγειν ἐν τῇ προσευχῇ· οὐαὶ γάρ, φησί, καρδίᾳ δισσῇ καὶ ἁμαρτωλῷ ἐπιβαίνοντι ἐπὶ δύο τρίβους. οὐ καλὸν εἰπεῖν τὸ ναὶ οὔ, καὶ τὸ οὔ ναί, ἀλλὰ τὸ ναὶ ναί, καὶ τὸ οὔ οὔ,[75] καθὼς εἶπεν ὁ Κύριος ἡμῶν Ἰησοῦς Χριστός.

Καλῶς οὖν ἔλεξεν ὁ Φυσιολόγος περὶ τοῦ μυρμηκολέοντος.

---

73 욥 4.11: *μυρμηκολέων ὤλετο παρὰ τὸ μὴ ἔχειν βοράν* σκύμνοι δὲ λεόντων ἔλιπον ἀλλήλους.

74 약 1.8: *ἀνὴρ δίψυχος, ἀκατάστατος ἐν πάσαις ταῖς ὁδοῖς αὐτοῦ*.

75 마 5.37: ἔστω δὲ ὁ λόγος ὑμῶν *ναὶ ναί, οὒ οὔ*· τὸ δὲ περισσὸν τούτων ἐκ τοῦ πονηροῦ ἐστιν.

Gr20. 개미사자에 관하여

데만인들의 왕 엘리바스가 말했습니다. "개미사자[76]는 먹을 것이 없어 죽는다." 피지올로구스가 개미사자에 관하여 말하기를, 개미사자의 앞면은 사자이고, 뒷면은 개미이다. 아비는 육식성이지만, 어미는 초식성인데, 그들이 개미사자를 낳을 때, 두 가지 특성을 가진 개미사자를 낳습니다. 개미사자는 어미의 특성 때문에 고기를 먹지 못하며, 또한 아비의 특성 때문에 식물을 먹지 못합니다. 그래서 그는 먹을 것을 얻지 못하여 죽는 것입니다.

이렇게 두 마음을 품은 모든 사람은 자기의 모든 길에서 불안정합니다. 두 길을 걷지 말아야 하며, 기도 때에 두 말을 하지 말아야 합니다. 이르기를, "두 마음을 품으며 두 길을 걷는 죄인에게 화가 있으리라." 라고 하였기 때문입니다. 예라고 말할 것에 아니라고 하는 것과 아니라고 말할 것에 예라고 말하는 것은 좋지 않습니다. 오히려 우리 주 예수 그리스도께서 말씀하신 것처럼, 예면 예, 아니면 아니라고 말하는 것이 좋습니다.

그러므로 피지올로구스는 개미사자에 관하여 잘 설명해 주었습니다.

---

76 개역개정판에는 '사자'라고 번역되었다. 욥기 4장의 내용을 보라.

21. 족제비

Gr21. Περὶ γαλῆς

Ὁ Νόμος λέγει· "μὴ φάγῃς γαλῆν, μηδὲ τὸ ὅμοιον αὐτῆς." ὁ Φυσιολόγος ἔλεξε περὶ τῆς γαλῆς ὅτι τοιαύτην φύσιν ἔχει· τὸ στόμα αὐτῆς συλλαμβάνει παρὰ τοῦ ἄρρενος, καὶ ἔγκυος γενομένη τοῖς ὠσὶ γεννᾷ· κακῶς οὖν ἐκ τῶν ἀκοῶν γεννῶσιν.

Εἰσί τινες τὸν πνευματικὸν ἄρτον τρώγοντες ἐν τῇ Ἐκκλησίᾳ· ἐπὰν δὲ ἐξέλθωσιν, ἐκβάλλουσι τὸν λόγον ἐκ τῶν ἀκοῶν, ἐοικότες τῇ ἀκαθάρτῳ γαλῇ, καὶ γίνονται ὡσεὶ ἀσπὶς κωφὴ βύουσα τὰ ὦτα αὐτῆς.

Μὴ φάγῃς οὖν γαλῆν, μηδὲ τὸ ὅμοιον αὐτῆς.

Gr21. 족제비에 관하여

율법은 말합니다. "족제비와 그와 같은 것을 먹지 말라."[77] 피지올로구스가 족제비에 관하여 말하기를, 족제비는 이러한 특성이 있다고 합니다. 암컷의 입은 수컷으로부터 정자를 받아 임신하고 귀로 출산합니다. 그러므로 귀로 출산하는 것들은 악한 것입니다.

어떤 이들은 교회에서 영적 양식을 먹습니다. 그러나 그들은 나갈 때, 귀에서 말씀을 내던져버리며, 부정한 족제비를 닮아, 귀먹은 살무사처럼 됩니다.

그러므로 족제비와 그 같은 것을 먹지 마십시오.

---

77 개역개정판에는 '두더지'라고 번역되어 있다. 레위기 11장 29절 참조.

22. 유니콘

Gr22 Y35 B16 C21

Gr22. Περὶ μονοκέρωτος

Ο Ψαλμὸς λέγει· "καὶ ὑψωθήσεται ὡς μονοκέρωτος τὸ κέρας μου."[78] ὁ Φυσιολόγος ἔλεξε περὶ τοῦ μονοκέρωτος ὅτι τοιαύτην φύσιν ἔχει· μικρὸν ζῷόν ἐστιν, ὅμοιον ἐρίφῳ, δριμύτατον δὲ σφόδρα· οὐ δύναται κυνηγὸς ἐγγίσαι αὐτό, διὰ τὸ ἰσχύειν αὐτὸ πολύ, ἓν δὲ κέρας ἔχει, μέσον τῆς κεφαλῆς αὐτοῦ. πῶς οὖν ἀγρεύεται; παρθένον ἁγνὴν ἐστολισμένην ῥίπτουσιν ἔμπροσθεν αὐτοῦ, καὶ ἅλλεται εἰς τὸν κόλπον αὐτῆς, καὶ ἡ παρθένος θηλάζει τὸ ζῷον, καὶ αἴρει αὐτὸ εἰς τὸ παλάτιον τῷ βασιλεῖ.

---

78   시 92.10(LXX 91.11): καὶ *ὑψωθήσεται ὡς μονοκέρωτος τὸ κέρας μου* καὶ τὸ γῆράς μου ἐν ἐλαίῳ πίονι.

Φέρεται οὖν τὸ ζῷον εἰς πρόσωπον τοῦ Σωτῆρος· "ἤγειρε γὰρ κέρας ἐν οἴκῳ Δαυὶδ τοῦ πατρὸς ἡμῶν,"[79] καὶ κέρας σωτηρίας γέγονεν ἡμῖν. οὐκ ἠδυνήθησαν ἄγγελοι καὶ δυνάμεις αὐτὸν κρατῆσαι, ἀλλ' ἐσκήνωσεν εἰς τὴν γαστέρα τῆς ἀληθοῦς ἁγνῆς Παρθένου Μαρίας [τῆς Θεοτόκου], "καὶ ὁ Λόγος σὰρξ ἐγένετο, καὶ ἐσκήνωσεν ἐν ἡμῖν."[80]

Gr22. 유니콘에 관하여

시편 기자는 말합니다. "나의 뿔이 유니콘[81]의 뿔처럼 드높여지리라." 피지올로구스가 유니콘에 관하여 말하기를, 유니콘은 이러한 특성을 가지고 있습니다. 이 동물은 작으며, 새끼 염소를 닮았는데, 무척이나 예민합니다. 사냥꾼은 그에게 가까이 다가갈 수 없는데, 매우 힘이 세기 때문입니다. 그것은 뿔 하나를 가졌는데, 머리 한가운데 있습니다. 그렇다면 이 동물을 어떻게 잡겠습니까? 사람들은 잘꾸민 순결한 처녀를 그 동물 앞에 데려다 놓습니다. 그러면 그 동물은 처녀의 품으로 뛰어듭니다. 그러면 처녀는 그 동물에게 젖을 먹이며, 그것을 궁전으로 옮겨 왕에게 바칩니다.

그러므로 그 동물은 구원자의 모습을 지니고 있습니다. "그분은 우리 조상 다윗의 집에 뿔을 일으키셨으니," 구원의 뿔이 우리에게 생겨났습니다. 천사들과 권능들도 그분을 붙잡을 수 없었으며, 오히려 그분은 참되고 순결하신 [테오토코스[82]이신] 동정녀 마리아의 태에 거하셨습니다. "말씀이 몸이 되어, 우리 가운데 거하셨다."

---

79 눅 1.69: καὶ **ἤγειρεν κέρας σωτηρίας ἡμῖν ἐν οἴκῳ Δαυὶδ παιδὸς αὐτοῦ**.

80 요 1.14: **Καὶ ὁ λόγος σὰρξ ἐγένετο καὶ ἐσκήνωσεν ἐν ἡμῖν**, καὶ ἐθεασάμεθα τὴν δόξαν αὐτοῦ, δόξαν ὡς μονογενοῦς παρὰ πατρός, πλήρης χάριτος καὶ ἀληθείας.

81 개역개정판에는 '들소'라고 번역되어 있다.

82 '테오토코스'(Θεοτόκος)는 '하나님을 낳으신 분'이라는 뜻으로, 431년 제3차 세계공의회(에베소 공의회) 당시 예수님의 어머니인 마리아에게 주어진 칭호이다.

23. 비버

Gr23 Y36 B17

Gr23. Περὶ ζῴου κάστορος

Ἔστι ζῷον λεγόμενον κάστωρ, ἤπιον πάνυ καὶ ἡσύχιον, τὰ δὲ ἀναγκαῖα αὐτοῦ εἰς θεραπείαν χωροῦσιν. ὅταν δὲ ὑπὸ τῶν κυνηγῶν διώκηται καὶ γνῷ ὅτι καταλαμβάνεται, τὰ ἀναγκαῖα αὐτοῦ κόψας, ῥίπτει τῷ κυνηγῷ· ἐὰν δὲ πάλιν ἑτέρῳ κυνηγῷ περιπέσῃ καὶ διώκηται, ῥίπτει ἑαυτὸν ὕπτιον ὁ κάστωρ, καὶ δείκνυσιν αὐτῷ ἑαυτόν, καὶ ἐκ τούτου νοήσας ὁ κυνηγὸς ὅτι ἀναγκαῖα οὐκ ἔχει, ἀναχωρεῖ ἀπ' αὐτοῦ.

Καὶ σὺ οὖν, πολιτευτά, ἀπόδος τὰ τοῦ κυνηγοῦ αὐτῷ. ὁ κυνηγός ἐστιν ὁ διάβολος, τὰ δὲ αὐτοῦ εἰσι πορνεία, μοιχεία, φόνος· ἔκκοψον τὰ τοιαῦτα καὶ δὸς τῷ διαβόλῳ, καὶ ἀφήσει σε ὁ θηρευτὴς διάβολος, ἵνα καὶ σὺ εἴπῃς· "ἡ ψυχὴ ἡμῶν ὡς στρουθίον ἐρρύσθη ἐκ τῆς παγίδος τῶν θηρευόντων."[83]

Καλῶς οὖν ὁ Φυσιολόγος ἔλεξε περὶ τοῦ κάστορος.

Gr23. 비버에 관하여

비버라고 불리는 동물이 있습니다. 비버는 매우 온화하고 조용하며, 그것의 생식기는 치료약입니다. 비버가 사냥꾼에게 쫓기다가 잡힐 것을 알면, 자기의 생식기를 잘라서, 사냥꾼에게 던져줍니다. 그런데 다시 다른 사냥꾼을 만나 쫓기면, 비버는 자기를 뒤로 돌려, 사냥꾼에게 자신을 보여줍니다. 그러면 사냥꾼은 비버가 생식기를 가지지 않았음을 알고서는, 비버에게서 돌아서 가버립니다.

그러므로 자유인이여, 그대도 사냥꾼에게 속한 것을 그에게 넘겨주십시오. 사냥꾼이란 악마이며, 그에게 속한 것이란 음란, 간음, 살인입니다. 이런 것들을 잘라내어 악마에게 주십시오, 그러면 사냥꾼인 악마는 그대를 놓아줄 것이며, 그리하여 그대도 이렇게 말하게 될 것입니다. "우리의 혼(생명)이 참새처럼 사냥군의 올무에서 벗어났다."

그러므로 피지올로구스는 비버에 관하여 잘 설명해 주었습니다.

---

83   시 124.7(LXX 123.7): *ἡ ψυχὴ ἡμῶν ὡς στρουθίον ἐρρύσθη ἐκ τῆς παγίδος τῶν θηρευόντων* ἡ παγὶς συνετρίβη καὶ ἡμεῖς ἐρρύσθημεν.

24. 하이에나

Gr24 Y37 B18

Gr24. Περὶ ὑαίνης

Ο Νόμος λέγει· "μὴ φάγῃς ὕαιναν μηδὲ τὸ ὅμοιον αὐτῆς." ὁ Φυσιολόγος ἔλεξε περὶ τῆς ὑαίνης ὅτι ἀρρενόθηλύ ἐστι· ποτὲ μὲν ἄρρην γίνεται, ποτὲ δὲ θῆλυ· μεμιαμμένον θηρίον ἐστὶ διὰ τὸ ἀλλάσσειν αὐτὸ τὴν φύσιν. διὰ τοῦτο καὶ Ἰερεμίας λέγει· "μὴ σπήλαιον ὑαίνης ἡ κληρονομία μου ἐμοί."[84]

Μὴ οὖν ἐξομοιωθῇς καὶ σὺ τῇ ὑαίνῃ, ποτὲ μὲν τὴν ἄρρενα, ποτὲ δὲ τὴν θήλειαν φύσιν ἀσπαζόμενος, οὕς, φησί, μεμφόμενος ὁ θεῖος Ἀπόστολος ἔφασκεν· "ἄρρενες ἐν ἄρρεσι τὴν ἀσχημοσύνην κατειργάσαντο."[85]

Καλῶς οὖν ὁ Φυσιολόγος ἔλεξε περὶ τῆς ὑαίνης.

---

84 렘 12.9: *μὴ σπήλαιον ὑαίνης ἡ κληρονομία μου ἐμοὶ* ἢ σπήλαιον κύκλῳ αὐτῆς; βαδίσατε συναγάγετε πάντα τὰ θηρία τοῦ ἀγροῦ καὶ ἐλθέτωσαν τοῦ φαγεῖν αὐτήν.

85 롬 1.27: ὁμοίως τε καὶ οἱ ἄρσενες ἀφέντες τὴν φυσικὴν χρῆσιν τῆς θηλείας ἐξεκαύθησαν ἐν τῇ ὀρέξει αὐτῶν εἰς ἀλλήλους, *ἄρσενες ἐν ἄρσεσιν τὴν ἀσχημοσύνην κατεργαζόμενοι* καὶ τὴν ἀντιμισθίαν ἣν ἔδει τῆς πλάνης αὐτῶν ἐν ἑαυτοῖς ἀπολαμβάνοντες.

Gr24. 하이에나에 관하여

율법은 말합니다. "하이에나와 그 같은 것을 먹지 말라."[86] 피지올로구스가 하이에나에 관하여 말하기를, 하이에나는 자웅동체라고 합니다. 어떤 때는 수컷이 되지만, 어떤 때는 암컷이 됩니다. 하이에나는 스스로 그 특성을 바꾸기 때문에 부정한 짐승입니다. 이 때문에 예레미야는 말합니다. "하이에나의 굴은 내 유산이 아니다."

그러므로 그대도, 언제는 수컷의 특성을 가지지만, 언제는 암컷의 특성을 가지는 하이에나와 같이 되지 마십시오. 거룩한 사도는 그러한 자들을 비난하며 확언하였습니다. "남자가 남자와 수치스러운 일을 저질렀다."

그러므로 피지올로구스는 하이에나에 관하여 잘 설명해 주었습니다.

---

86   성경에서는 '하이에나'에 대해 직접적으로 언급하고 있지 않다. 개역개정판은 다음과 같다. "돼지는 굽은 갈라졌으나 새김질을 못하므로 너희에게 부정하니 너희는 이런 것의 고기를 먹지 말 것이며 그 사체도 만지지 말 것이니라". 신명기 14장 8절 참조.

25. 수달

Gr25 Y38 B19

Gr25. Περὶ ζῴου ἐνύδρου

Ἔστι ζῷον λεγόμενον ἔνυδρος, μορφὴν ἔχουσα κυνός, ἐχθρὰ δέ ἐστι τοῦ κροκοδείλου. κοιμώμενος δὲ ὁ κροκόδειλος, ἀνεῳγμένον τὸ στόμα ἔχει· ἀπέρχεται οὖν ἡ ἔνυδρος, καὶ χρίεται ὅλον τὸ σῶμα πηλῷ, καὶ ἐπὰν ξηρανθῇ ὁ πηλός, ἄλλεται εἰς τὸ στόμα τοῦ κροκοδείλου, καὶ πάντας τοὺς πόρους αὐτοῦ τρώγει καὶ τὰ ἔγκατα κατεσθίει.

Ἔοικεν οὖν ὁ κροκόδειλος τῷ διαβόλῳ, ἡ δὲ ἔνυδρος εἰς τὸ τοῦ Σωτῆρος ἡμῶν πρόσωπον λαμβάνεται· λαβὼν γὰρ ὁ Κύριος ἡμῶν Ἰησοῦς Χριστὸς τὴν χοϊκὴν σάρκα, κατέβη εἰς τὸν Ἅιδην, καὶ ἔλυσε τὰς ὀδύνας τοῦ θανάτου, εἰρηκὼς τοῖς ἐν δεσμοῖς· ἐξέλθατε, καὶ τοῖς ἐν τῷ σκότει·

ἀνακαλύφθητε. καὶ πάλιν ὁ Ἀπόστολος· "ποῦ σου, θάνατε, τὸ νῖκος, ποῦ σου, Ἅιδη, τὸ κέντρον;"[87] καὶ ἀνέστη τριήμερος ἐκ νεκρῶν, συναναστήσας αὐτῷ τὴν χοϊκὴν οὐσίαν.

Gr25. 수달에 관하여

수달이라고 불리는 동물이 있습니다. 수달은 개의 모습을 하고 있으며, 악어에게 적대적입니다. 악어는 잠잘 때, 입을 벌리고 있습니다. 그러면 수달은 가서 온몸을 진흙으로 칠하고, 진흙이 다 마르면, 악어의 입 속으로 달려들어가, 악어의 모든 구멍을 물어뜯고 내장들을 먹어 치웁니다.

그러므로 악어는 악마를 닮았으며, 수달은 우리의 구원자의 모습을 가졌습니다. 우리 주 예수 그리스도께서 흙으로 된 몸을 가지고서, 지옥으로 내려가셨고, 갇힌 자들에게 이렇게 말씀하시며, 죽음의 고통을 해방시키셨습니다. "어둠에 있는 자들아, 떠나거라. 너희가 드러나게 되리라." 사도 또한 말합니다. "사망아, 너의 이기는 것이 어디 있느냐? 지옥아, 너의 쏘는 것이 어디 있느냐?" 그분은 죽은 자들 가운데서 3일 만에 일어나셨으며, 자기와 함께 흙에 속한 본성도 일어나게 하셨습니다.

---

[87] 고전 15.55: *ποῦ σου, θάνατε, τὸ νῖκος; ποῦ σου,* θάνατε, *τὸ κέντρον;*

26. 이집트몽구스

Gr26 Y39

Gr26. Περὶ ἰχνεύμονος

Ἔστι ζῷον λεγόμενον ἰχνεύμων, ὅμοιος ὑός, ἐχθρὸς πάνυ τοῦ δράκοντος. ἐπὰν οὖν εὕρῃ ἄγριον δράκοντα, καθὼς ὁ Φυσιολόγος λέγει, πορεύεται καὶ χρίει ἑαυτὸν πηλῷ, καὶ τῇ κέρκῳ τοὺς μυκτῆρας τηρεῖ, ἕως οὗ ἀπέκτεινε τὸν δράκοντα.

Οὕτω καὶ ὁ Σωτὴρ ἡμῶν ἔλαβε τὴν τοῦ χοὸς γένους οὐσίαν ἕως οὗ ἀπέκτεινε τὸν δράκοντα τὸν Φαμῶ, τὸν καθήμενον ἐπὶ τοῦ ποταμοῦ Αἰγύπτου, τουτέστι τὸν διάβολον. Εἰ γὰρ ἀσώματος ὁ Χριστός, πῶς τὸν δράκοντα εἶχεν ἀπολέσαι; ἀντέλεγεν ἂν αὐτῷ ὁ δράκων ὅτι "Θεὸς εἶ καὶ Σωτήρ, καὶ οὐ δύναμαί σοι." ἀλλ' ὁ πάντων μείζων ἑαυτὸν ἐταπείνωσεν, ἵνα πάντας σώσῃ.

Gr26. 이집트몽구스에 관하여

이집트몽구스라고 불리는 동물이 있는데, 돼지와 닮았고, 용(큰 뱀)에게 매우 적대적입니다. 그러므로 피지올로구스가 말하듯, 그것은 야생의 용을 발견하면, 가서 자기를 진흙으로 칠하고, 꼬리로 코를 막아서 용을 죽입니다.

이렇게 우리의 구원자께서도 이집트 강 위에 앉아 있는 파라오, 즉 마귀인 용[88]을 죽이기까지, 흙으로 난 부류의 본성을 취하셨습니다. 만일 그리스도 께서 몸을 가지지 않으셨다면, 어떻게 용을 멸망시키실 수 있었겠습니까? 그 용은 그분께 말하였습니다. "당신은 하나님이시며 구원자이시니, 나는 당신께 무력합니다." 모두보다 더 크신 분께서 자신을 낮추셨으니, 이는 모 두를 구원하시기 위함입니다.

---

[88] 개역개정판에는 '용'이 아닌 '악어'로 번역되어 있다: "너는 말하여 이르기를 주 여호와께서 이같이 말씀하시 되 애굽의 바로 왕이여, 내가 너를 대적하노라 너는 자기의 강들 가운데에 누운 큰 악어라 스스로 이르기를 나의 이 강은 내 것이라 내가 나를 위하여 만들었다 하는도다." 에스겔 29장 3절 참조.

Gr27. Περὶ κορώνης

Καλῶς ὁ Ἰερεμίας ἔλεγε τῇ Ἰερουσαλήμ· "ἐκάθισας ὡσεὶ κορώνη ἠρημωμένη."[89] ὁ Φυσιολόγος ἔλεξε περὶ τῆς κορώνης ὅτι μονόγαμός ἐστι, καὶ ὅταν ὁ ταύτης ἀνὴρ τελευτήσῃ, οὐκέτι συγγίνεται ἑτέρῳ ἀνδρί, οὐδὲ ὁ κόραξ ἑτέρᾳ γυναικί.

Ἡ Συναγωγὴ τῶν Ἰουδαίων, ἡ ἐπίγειος Ἰερουσαλήμ, φονεύσασα τὸν Κύριον, οὐκέτι ὁ Χριστὸς ἀνὴρ ταύτης γίνεται· "ἡρμοσάμην γὰρ ὑμᾶς ἑνὶ ἀνδρὶ παρθένον ἁγνὴν παραστῆσαι τῷ Κυρίῳ,"[90] ἀλλ' ἐμοίχευσαν τῷ ξύλῳ καὶ τῷ λίθῳ.[91]

Ἐὰν οὖν καὶ ἡμεῖς ἔχωμεν τὸν ἄνδρα ἐν καρδίᾳ, οὐκ εἰσβαίνει ὁ μοιχὸς διάβολος· ἐὰν δὲ ἐκβῇ ὁ ἀνδρεῖος λόγος ἐκ τῆς ψυχῆς ἡμῶν, εἰσδύνει ὁ ἀντικείμενος· "οὐ γὰρ νυστάξει οὐδὲ ὑπνώσει ὁ φυλάσσων τὸν Ἰσραήλ,"[92]

---

89 렘 3.2a: ἆρον εἰς εὐθεῖαν τοὺς ὀφθαλμούς σου καὶ ἰδέ ποῦ οὐχὶ ἐξεφύρθης ἐπὶ ταῖς ὁδοῖς **ἐκάθισας αὐτοῖς ὡσεὶ κορώνη ἐρημουμένη**.

90 고후 11.2: ζηλῶ γὰρ ὑμᾶς θεοῦ ζήλῳ, **ἡρμοσάμην γὰρ ὑμᾶς ἑνὶ ἀνδρὶ παρθένον ἁγνὴν παραστῆσαι τῷ Χριστῷ**.

91 렘 3.9: καὶ ἐγένετο εἰς οὐθὲν ἡ πορνεία αὐτῆς καὶ **ἐμοίχευσεν τὸ ξύλον καὶ τὸν λίθον**.

92 시 121.4(LXX 120.4): ἰδοὺ **οὐ νυστάξει οὐδὲ ὑπνώσει ὁ φυλάσσων τὸν Ἰσραηλ**.

καὶ οὐκέτι εἰσβαίνουσι λῃσταὶ εἰς τὴν νοεράν σου καρδίαν.

Καλῶς ἔλεξεν ὁ Φυσιολόγος περὶ τῆς κορώνης.

Gr27. 까마귀에 관하여

예레미야는 예루살렘에게 잘 말하였습니다. "너는 홀로된 까마귀[93]처럼 앉아 있구나." 피지올로구스가 까마귀에 관하여 말하기를, 까마귀는 한 짝만 취하는데, 암컷 까마귀의 수컷이 죽으면, 더 이상 다른 수컷과 교미하지 않고, 수컷 까마귀도 다른 암컷과 교미하지 않습니다.

유대인들의 회당, 즉 이 땅의 예루살렘은 주님을 죽였으므로 더 이상 그리스도께서는 그의 짝이 되지 않으십니다. "내가 너희를 정결한 처녀로 한 남편인 그리스도께 드리려고 중매했노라." 그러나 그들은 나무와 돌과 더불어 간통하였습니다.

그러므로 우리가 마음에 남편을 모셨다면, 난봉꾼인 악마가 들어오지 못할 것입니다. 그러나 남편의 말씀이 우리의 영혼에서 나가버리면, 대적자가 들어옵니다. "이스라엘을 지키시는 자는 졸지도 주무시지도 아니하시니," 더는 도적들이 그대의 가지적(可知的)인 마음에 들어오지 않을 것입니다.

피지올로구스는 까마귀에 관하여 잘 설명해 주었습니다.

93　히브리어 성경에는 '아랍 사람'으로 기록되어 있고, '까마귀'는 칠십인역(LXX)에 기록되어 있다. 개역개정판은 다음과 같다. "네 눈을 들어 헐벗은 산을 보라 네가 행음하지 아니한 곳이 어디 있느냐 네가 길 가에 앉아 사람들을 기다린 것이 광야에 있는 아라바 사람 같아서 음란과 행악으로 이 땅을 더럽혔도다."

28. 산비둘기

Gr28-1. Περὶ τρυγόνος

Ἐν τοῖς Ἄισμασιν ὁ Σολομὼν μαρτυρεῖ καὶ λέγει· "φωνὴ τῆς τρυγόνος ἠκούσθη ἐν τῇ γῇ ἡμῶν."[94] ὁ Φυσιολόγος ἔλεξε περὶ τῆς τρυγόνος ὅτι αὕτη μονόγαμός ἐστι καὶ ἀναχωρητικὴ πάνυ, καὶ ἐν τοῖς ἐρήμοις οἰκεῖ· οὐκ ἀγαπᾷ εἶναι μέσον πλήθους.

Οὕτω καὶ ὁ Σωτὴρ ἡμῶν ηὐλίζετο ἐν τῷ ὄρει [τῶν ἐλαιῶν], λαβὼν [γὰρ ὁ Ἰησοῦς] τὸν Πέτρον καὶ Ἰάκωβον καὶ Ἰωάννην, ἀνέβησαν εἰς τὸ ὄρος, καὶ ὤφθησαν αὐτοῖς Μωϋσῆς καὶ Ἡλίας, καὶ φωνὴ οὐρανόθεν λέγουσα·

---

94 아 2.12: τὰ ἄνθη ὤφθη ἐν τῇ γῇ καιρὸς τῆς τομῆς ἔφθακεν **φωνὴ τοῦ τρυγόνος ἠκούσθη ἐν τῇ γῇ ἡμῶν**.

“οὗτός ἐστιν ὁ Υἱός μου ὁ ἀγαπητός, ἐν ᾧ ηὐδόκησα· αὐτοῦ ἀκούετε.”[95]
ἡ τρυγὼν ἀναχωρεῖν ἀγαπᾷ, καὶ οἱ γενναιότατοι χριστοφόροι τὸ
ἀναχωρεῖν ἀγαπάτωσαν. “ὡς γὰρ τρυγών, οὕτω φωνήσω καὶ ὡσεὶ
περιστερὰ οὕτω μελετήσω.”[96] “τρυγὼν καὶ χελιδὼν ἀγροῦ στρουθία
ἔγνωσαν καιρὸν εἰσόδου αὐτῶν.”[97] οὕτω καὶ σὺ ὦ ἄνθρωπε.
Καλῶς ὁ Φυσιολόγος ἔλεξε περὶ τρυγόνος.

Gr28-1. 산비둘기에 관하여

솔로몬은 아가서에서 증언하여 말합니다. “산비둘기[98] 소리가 우리 땅에 들리는구나.” 피지올로구스가 산비둘기에 관하여 말하기를, 산비둘기는 완전히 한 짝만 취하며 은둔생활을 하고, 광야에서 살며, 무리 중에 있기를 좋아하지 않습니다.

그렇게 우리 구원자께서도 [올리브]산에서 유하셨는데, [예수께서] 베드로와 야곱과 요한을 데리고서, 산에 올라, 모세와 엘리야와 함께 그들에게 보이셨고, 하늘로부터 한 소리가 말하였습니다. “그는 내 사랑하는 아들이요, 내 기뻐하는 자니, 너희는 그의 말을 들으라.”

산비둘기는 은둔하기를 좋아합니다. 그리스도를 모신 고귀한 자들도 은둔하기를 좋아하여야 합니다. “산비둘기 같이 내가 소리내고 비둘기와 같이 묵상하겠노라.” “산비둘기, 제비, 들판의 참새들은 그들이 들어올 때를 알거늘.” 오 사람이여, 그대도 이렇게 하십시오.

---

95 마 17.5b: *οὗτός ἐστιν ὁ υἱός μου ὁ ἀγαπητός, ἐν ᾧ εὐδόκησα· ἀκούετε αὐτοῦ.*

96 LXX 이사야 38장 14절은 다음과 같다. *ὡς χελιδών, οὕτως φωνήσω, καὶ ὡς περιστερά, οὕτως μελετήσω· ἐξέλιπον γάρ μου οἱ ὀφθαλμοὶ τοῦ βλέπειν εἰς τὸ ὕψος τοῦ οὐρανοῦ πρὸς τὸν κύριον, ὅς ἐξείλατό με.*

97 렘 8.7: καὶ ἡ ασιδα ἐν τῷ οὐρανῷ ἔγνω τὸν καιρὸν αὐτῆς, *τρυγὼν καὶ χελιδών ἀγροῦ στρουθία ἐφύλαξαν καιροὺς εἰσόδων αὐτῶν*, ὁ δὲ λαός μου οὐκ ἔγνω τὰ κρίματα κυρίου.

98 개역개정판에는 ‘비둘기’라고 번역되어 있다.

피지올로구스는 산비둘기에 관하여 잘 설명해 주었습니다.

Gr28-2. Περὶ τρυγόνος καὶ περιστερᾶς

“Ὡς τρυγών, οὕτω φωνήσω, καὶ ὡς περιστερά, οὕτω μελετήσω.”[99] ὁ Φυσιολόγος ἔλεξε περὶ τῆς τρυγόνος ὅτι λαλίστατός ἐστι πάνυ· ὅταν δὲ χηρεύσῃ, τῇ τοῦ ἀπελθόντος μνήμῃ συναποθνήσκει καὶ ἑτέρῳ οὐ μίγνυται.

Χριστῷ δὲ παρεικαστέον τὰ πτηνά· αὐτὸς γὰρ ἡμῶν ἐστιν ἡ νοητὴ λαλίστατος τρυγών, τὸ εὔστομον ἀληθῶς στρουθίον, ὃς τοῖς εὐαγγελικοῖς κηρύγμασι κατεκελάδησε τὴν ὑπ' οὐρανόν, ᾧ καὶ αὐτὴ προσπεφώνηκεν ἡ νύμφη, τουτέστιν ἡ ἐξ ἐθνῶν Ἐκκλησία· “δεῖξόν μοι τὴν ὄψιν σου, καὶ ἀκούτισόν μοι τὴν φωνήν σου, ὅτι ἡ φωνή σου ἡδεῖα καὶ ἡ ὄψις σου ὡραία.”[100] αὐτὸς ἡ ἁπαλὴ καὶ ἀκακοῦργος ἀληθῶς καὶ δόλον οὐκ ἔχουσα περιστερά· οὐ γὰρ εὑρέθη ἐν τῷ στόματι αὐτοῦ δόλος,[101] κατὰ τὸ γεγραμμένον.

Καλῶς οὖν ἔλεξεν ὁ Φυσιολόγος περὶ τῆς τρυγόνος.

Gr28-2. 산비둘기와 비둘기에 관하여

“산비둘기 같이 내가 울부짖고 비둘기와 같이 묵상하겠노라.” 피지올로구스가 산비둘기에 관하여 말하기를, 산비둘기는 매우 수다스럽습니다. 그러나 그가 짝을 잃으면, 떠나버린 이를 기억하기 위하여 함께 죽고 다른 이와

---

99   각주 96번 참조.

100   아 2.14: καὶ ἐλθὲ σύ περιστερά μου ἐν σκέπῃ τῆς πέτρας ἐχόμενα τοῦ προτειχίσματος *δεῖξόν μοι τὴν ὄψιν σου καὶ ἀκούτισόν με τὴν φωνήν σου ὅτι ἡ φωνή σου ἡδεῖα καὶ ἡ ὄψις σου ὡραία*.

101   벧전 2.22: ὃς ἁμαρτίαν οὐκ ἐποίησεν *οὐδὲ εὑρέθη δόλος ἐν τῷ στόματι αὐτοῦ*.

교미하지 않습니다.

이 새는 그리스도와 비교될 수 있습니다. 우리의 가지적(可知的)인 산비둘기이신 그분은 수다스러우시며, 참으로 말 잘하는 참새이십니다. 그분은 복음을 전하심으로 하늘 아래 있는 신부, 즉 열방의 교회를 부르셨습니다. 그 신부도 그분께 소리 내어 말합니다. "내게 그대 모습을 보여주세요. 내게 그대 목소리를 듣게 해주세요. 그대 목소리는 다정하고, 그대 모습은 아름답기 때문이에요." 그분은 참으로 부드럽고 악행을 일삼지 않고 속임이 없는 비둘기입니다. 기록된 것처럼, 그분의 입에는 속임이 없기 때문입니다.

그러므로 피지올로구스는 산비둘기에 관하여 잘 설명해 주었습니다.

29. 육지 개구리와 수생 개구리

Gr29 Y44

Gr29. Περὶ βατράχου [χερσαίου τε καὶ ἐνύδρου]

Ἔστι βάτραχος χερσαῖος καὶ βάτραχος ἔνυδρος. ὁ Φυσιολόγος ἔλεξε περὶ τοῦ χερσαίου ὅτι βαστάζει τὸν καύσωνα τοῦ ἡλίου καὶ τὸ φλογερὸν πῦρ· ἐπὰν δὲ σφοδρὸς χειμὼν καταλάβῃ αὐτόν, ἀποθνήσκει. ὁ δὲ ἔνυδρος βάτραχος, ἐὰν ἔλθῃ ἀπὸ τοῦ ὕδατος καὶ ἅψηται αὐτοῦ ὁ ἥλιος, εὐθέως πάλιν εἰς τὸ ὕδωρ δύνει.

Ἐοίκασιν οἱ γενναιότατοι πολιτευταὶ τῷ χερσαίῳ· φέρουσι γὰρ τῶν πειρασμῶν τὸν καύσωνα· ἐὰν οὖν σφόδρα χειμὼν αὐτοὺς καταλάβῃ, τουτέστι διωγμὸς ὑπὲρ ἀρετῆς, τελευτῶσιν. οἱ δὲ τοῦ κόσμου ὑδρώδεις εἰσίν· ἐπὰν γὰρ ἅψηται αὐτῶν ὀλίγη θέρμη πειρασμοῦ ἢ ἐπιθυμίας, μὴ φέροντες, εἰσδύνουσι πάλιν ἐπὶ τὴν αὐτὴν τῆς λαγνείας ὄρεξιν.

Καλῶς οὖν ὁ Φυσιολόγος ἔλεξε περὶ τοῦ βατράχου.

Gr29. [육지와 수생] 개구리에 관하여

육지 개구리와 수생 개구리가 있습니다. 피지올로구스가 육지 개구리에 관하여 말하기를, 그것은 태양의 열기와 뜨거운 불을 견딘다고 합니다. 하지만 혹독한 겨울 폭풍이 그를 덮치면, 죽어버립니다. 반면 수생 개구리는 물에서 나와 태양(열)이 자기를 붙잡으면, 그 즉시 물로 다시 들어갑니다.

고귀한 자유인들은 육지 개구리와 같습니다. 그들이 유혹의 열기를 참아내기 때문입니다. 따라서 혹독한 겨울, 즉 미덕을 위한 박해가 그들을 덮치면, 그들은 죽음을 맞이합니다. 그러나 수생 개구리는 세상에 속한 자들입니다. 약간의 유혹이나 욕망의 열기가 그들을 붙잡으면, 참아내지 못하고, 그들은 다시 음탕한 욕망으로 들어가버립니다.

그러므로 피지올로구스는 개구리에 관하여 잘 설명해 주었습니다.

30. 사슴

Gr30 Y43 B29 C22

Gr30-1. Περὶ ἐλάφου καὶ ὄφεως

Ὁ μὲν Δαυὶδ λέγει· "ὃν τρόπον ἐπιποθεῖ ἡ ἔλαφος ἐπὶ τὰς πηγὰς τῶν ὑδάτων, οὕτως ἐπιποθεῖ ἡ ψυχή μου πρός σὲ ὁ Θεός."[102] ὁ Φυσιολόγος ἔλεξε περὶ τῆς ἐλάφου ὅτι ἐχθρὰ τοῦ δράκοντός ἐστι πάνυ. ἐὰν φύγῃ ὁ δράκων ἀπὸ τῆς ἐλάφου εἰς τὰς ῥαγάδας τῆς γῆς, πορεύεται ἡ ἔλαφος καὶ ἐμπιπλᾷ τὰ ἀγγεῖα αὐτῆς πηγαίου ὕδατος, καὶ ἐξεμεῖ ἐπὶ τὰς ῥαγάδας τῆς γῆς, καὶ ἀναφέρει τὸν δράκοντα καὶ κατακόπτει αὐτὸν καὶ ἀποκτείνει.

---

102 시 42.1(LXX 41.2): *ὃν τρόπον ἐπιποθεῖ ἡ ἔλαφος ἐπὶ τὰς πηγὰς τῶν ὑδάτων οὕτως ἐπιποθεῖ ἡ ψυχή μου πρὸς σέ ὁ θεός*.

Οὕτω καὶ ὁ Κύριος ἡμῶν ἀπέκτεινε τὸν δράκοντα τὸν μέγαν τὸν διάβολον ἐκ τῶν οὐρανίων ὑδάτων, ὧν εἶχεν, ὡς ἐν Θεολόγῳ, σοφίας ἐναρέτου· οὐ δύναται γὰρ ὁ δράκων βαστάζειν ὕδωρ, οὐδὲ ὁ διάβολος λόγον οὐράνιον.

Ὁ Κύριος παρὼν ἐδίωξε τὸν μέγαν δράκοντα τὸν διάβολον ἐκ τῶν οὐρανίων ὑδάτων· ἔκρυψε δὲ αὐτὸν ὁ διάβολος εἰς τὰ κατώτερα μέρη τῆς γῆς, ὡς ἐν μεγάλῃ ῥαγάδι κρυπτόμενος, καὶ ὁ Κύριος ἐκχέας ἐκ τῆς πλευρᾶς αὐτοῦ τὸ αἷμα καὶ τὸ ὕδωρ, ἀνεῖλεν ἀφ' ἡμῶν τὸν δράκοντα διὰ λουτροῦ παλιγγενεσίας, καὶ πᾶσαν ἀνεῖλεν ἐν ἡμῖν κρυπτομένην διαβολικὴν ἐνέργειαν. [ἐτυμολογήσεται ἔλαφος ἐκ τοῦ ἀνελεῖν τοὺς ὄφεις. ὄφις, ὁ φής, ἤγουν ὁ λαλήσας τῇ Εὔᾳ ποτέ].

Gr30-1. 사슴과 뱀에 관하여

다윗은 말합니다. "사슴이 샘물을 갈망하듯, 내 영혼도 하나님 당신을 갈망하나이다." 피지올로구스가 사슴에 관하여 말하기를, 사슴은 용(큰 뱀)에게 매우 적대적입니다. 용이 사슴에게서 땅의 틈새로 도망쳐버리면, 사슴은 가서 샘물로 자기 몸을 채우고, 땅의 틈새 위로 쏟아부어서, 그 용을 위로 끌어내 산산조각 내어 죽여버립니다.

이렇게 우리 주님께서도 악마인 큰 용을 그가 지니신 하늘의 물, 곧 하나님의 말씀인 덕스러운 지혜로 죽이셨습니다. 용은 물을 견딜 수 없으며, 악마는 하늘의 말씀을 견딜 수 없기 때문입니다.

우리 주님께서는 임하시어 하늘의 물로 악마인 큰 용을 쫓아내셨습니다. 악마는 땅의 깊은 곳, 곧 숨겨진 큰 틈새로 자기를 숨겼으나, 주님께서는 그분의 옆구리에서 피와 물을 흘리사, 거듭남의 씻음(세례)으로 우리에게서 용을 없애시며, 우리 안에 숨겨진 악마의 힘을 없애셨습니다. [사슴이라는 단어는 뱀을 없앤다는 말에서 기원합니다.[103] 뱀은, 말하는 자, 즉 이전에 하와 에게 말했던 그 뱀을 말합니다.][104]

Ἐὰν καὶ σὺ ἔχῃς νοῦν ἐν τῇ καρδίᾳ σου, κάλεσον τὰ εὐαγγέλια καὶ λέξεταί σοι· "οὐ μοιχεύσεις, οὐ πορνεύσεις, οὐ κλέψεις[105]· τούτων τῶν νοερῶν ὑδάτων γευσάμενος, ἐξεμέσεις πᾶσαν κακίαν."

Καὶ σύ, ἄνθρωπε, ἐὰν ἔχῃς νοεροὺς δράκοντας κεκτημένους ἐν τῇ καρδίᾳ σου, κάλεσον τὰ εὐαγγέλια, καὶ λέγουσί σοι· "οὐ φονεύσεις, οὐ μοιχεύσεις, οὐ ψευδομαρτυρήσεις."[106] τὰ νοερὰ ὕδατα ἐὰν ἀκούσῃς, ἐξεμέσεις πᾶσαν κακίαν. καὶ γίνεταί σου ἡ καρδία ναὸς Θεοῦ, καὶ τὸ πνεῦμα τοῦ Θεοῦ οἰκεῖ ἐν σοί.

Καὶ σὺ οὖν, ὦ πολιτευτά, ἔμπλησον τὰ ἀγγεῖά σου τῶν εὐαγγελικῶν τοῦ Κυρίου λόγων, καὶ λέξουσί σοι· "οὐ κλέψεις, οὐ πορνεύσεις, οὐ φονεύσεις, οὐ μοιχεύσεις,"[107] καὶ ταῦτα φυλάξας καὶ ἀπωσάμενος πᾶσαν κακίαν, ἐξέμεσον, καὶ ἀποκτενεῖς τὸν ἀρχέκακον δράκοντα ἤτοι τὸν διάβολον.

Ἐοίκασι τοίνυν ἐλάφῳ κατ' ἄλλον τρόπον οἱ ἀσκηταί, οἱ τὸν ἐνάρετον καὶ ἐπίπονον βίον διὰ σκληραγωγίας πολλῆς ἄγοντες, οἵτινες, ὡς δεδιψηκότες ἐπὶ τὰς πηγὰς τῆς σωτηρίου μετανοίας τρέχοντες, διὰ τῶν τῆς ἐξομολογήσεως δακρύων κατασβεννύουσι τὰ βέλη τοῦ πονηροῦ τὰ

---

103 사슴을 의미하는 그리스어 'ἔλαφος'(엘라포스)의 어원이 뱀을 의미하는 그리스어 'ὄφις'(오피스)와 관련이 있다고 보고 설명하는 것이다.

104 뱀을 의미하는 그리스어 'ὄφις'(오피스)가 '말하는 자'를 의미하는 그리스어 구문 'ὁ φής'(호 페스)와 관련이 있다고 보고 설명하는 것이다.

105 마 19.18: λέγει αὐτῷ· ποίας; ὁ δὲ Ἰησοῦς εἶπεν· *τὸ οὐ φονεύσεις, οὐ μοιχεύσεις, οὐ κλέψεις, οὐ ψευδομαρτυρήσεις.*

106 마 19.18: 상동.

107 마 19.18: 상동.

πεπυρωμένα, καὶ καταπατοῦντες τὸν μέγαν δράκοντα, ἤτοι τὸν διάβολον, ἀποκτένουσιν αὐτόν.

그대의 마음에 지성이 있다면, 그대는 복음을 읊으며 그대에게 말해주십시오. "간음하지 말라, 살인하지 말라, 도둑질하지 말라. 이 가지적(可知的)인 물을 맛보면, 그대는 모든 악행을 토해내리라."

사람이여, 그대도 가지적(可知的)인 용이 그대의 마음에 있다면, 복음을 읊으십시오. 그러면 복음은 그대에게 이렇게 말할 것입니다. "살인하지 말라, 간음하지 말라, 거짓으로 증언하지 말라." 그대가 가지적(可知的)인 물[108]을 듣게 된다면, 모든 악행을 토해낼 것입니다. 그러면 그대의 마음은 하나님의 집이 될 것이요, 하나님의 영이 그대 안에 거하실 것입니다.

그러므로 오 자유인이여, 그대도 주님의 복음의 말씀을 그대의 몸에 채우십시오. 그러면 복음의 말씀이 그대에게 말할 것입니다. "도둑질하지 말라, 간음하지 말라, 살인하지 말라, 간통하지 말라." 그대는 이것들을 지켜 모든 악행을 물리쳐서 토해내십시오. 그러면 그대는 원초의 악인 용, 곧 악마를 없애버릴 것입니다.

그러므로 수행자들은 다른 방식으로 사슴과 닮았으니, 그들은 덕스럽고 고된 생애를 많은 수련을 통해 살아가는 자들입니다. 이들은 목이 마르면 구원하는 회개의 샘 위로 달려가, 고백의 눈물로 악의 불화살을 꺼뜨리고, 악마인 용을 짓밟아, 그를 죽여버립니다.

Τρίχες γὰρ ἐλάφου ἐὰν φανῶσιν εἰς οἰκίαν, ἢ ὀστέον αὐτοῦ ἐὰν θυμιάσῃ τις, οὐδέποτε ὀσμὴν δράκοντος θεωρήσεις ἢ ἴχνος. ὅπου γὰρ φόβος

---

108 '가지적(可知的)인 물'은 '말씀'을 의미한다.

Χριστοῦ ἐὰν εὑρεθῇ εἰς τὴν καρδίαν σου, οὐδέποτε πονηρὸν φάρμακον ἀναβαίνει εἰς τὴν καρδίαν σου.

Ὁ Φυσιολόγος οὖν οὐκ ἀργῶς ἐλάλησε περὶ τῆς ἐλάφου.

사슴의 털이 집에 있거나 누군가 사슴의 뼈를 태운다면, 그대는 용의 냄새나 흔적을 볼 수 없을 것입니다. 그리스도를 경외함이 그대의 마음에 있다면, 악한 독이 그대의 마음으로 올라오지 않을 것입니다.

피지올로구스는 사슴에 관하여 굼뜨지 않게 설명해주었습니다.

Gr30-2. Περὶ ἐλάφου καὶ ὄφεως

Ἔλεξε καὶ τοῦτο ὁ Φυσιολόγος· οἱ ἔλαφοι ὅπου ἐὰν καταντήσωσιν ὄφιν, καταπίνουσιν αὐτόν, καὶ τρέχει καὶ ἐλαύνεται σφοδρῶς. ἐλαυνόμενος δὲ καὶ τρέχων, μὴ ἱστάμενος ἐπὶ δύο καὶ τρεῖς ἡμέρας, <ὁ ὄφις> χωνεύεται ὑπ' αὐτοῦ· χωνευθέντος δὲ τοῦ θηρίου, οὐρεῖ <ὁ ἔλαφος> αὐτὸ κάτω διὰ τῆς οὐρήθρας, καὶ ὅπου ἂν πέσῃ τὸ οὖρος ἐκεῖνο, γίνεται μόσχος ἄκρατος. Οὕτω καὶ σύ, νοητὲ ἄνθρωπε, πολλὰ κοπιάσας καὶ δραμών, δυνήσει ἀπορρῖψαι τὴν δυσωδίαν τοῦ διαβόλου.

Καλῶς ὁ Φυσιολόγος ἔλεξε περὶ τῆς ἐλάφου.

Gr30-2. 사슴과 뱀에 관하여

피지올로구스는 이렇게 말했습니다. 사슴이 뱀을 공격하여, 그것을 삼키면, 달음박질하며 거세게 질주합니다. 그것은 질주하며 달리며, 2일에서 3일 동안 멈추지 아니하는데, 그러면 〈뱀이〉 소화됩니다. 그 짐승(뱀)이 소화되면, 〈사슴은〉 소변으로 그것을 아래로 내보내는데, 그 소변이 떨어진 곳에는 순결한 순이 솟아납니다.

가지적(可知的)인 사람이여, 이렇게 그대도 많이 노력하여 달리면, 악마의
악취를 몰아낼 수 있을 것입니다.

피지올로구스는 사슴에 관하여 잘 설명해 주었습니다.

31. 살라만드라

Gr31 Y45 B30 C23

Gr31-1. Περὶ σαλαμάνδρας

Ἔστι ζῷον λεγόμενον σαλαμάνδρα. ὁ Φυσιολόγος ἔλεξε περὶ αὐτῆς ὅτι ἐὰν εἰσέλθῃ εἰς κάμινον πυρός, σβέννυται ὅλη ἡ κάμινος, καὶ ἐὰν εἰς ὑποκαυστήριον βαλανείου εἰσέλθῃ, σβέννυται τὸ ὑποκαυστήριον. Εἰ οὖν ἡ σαλαμάνδρα σβέννυσι τὸ πῦρ τῇ φυσιολογίᾳ, πῶς μέχρι τοῦ νῦν ἀπιστοῦσι τινὲς ὅτι οἱ τρεῖς παῖδες ἐμβληθέντες εἰς τὴν κάμινον οὐδὲν ἠδικήθησαν, ἀλλ' ἐκ τῶν ἐναντίων ἔψυξαν τὴν κάμινον; γέγραπται γὰρ ὅτι κἂν διὰ πυρὸς εἰσέλθῃς, φλὸξ οὐ κατακαύσει σε.[109] οὕτω καὶ σύ, ὦ ἄνθρωπε, δυνήθητι σβέσαι τὴν αἰώνιον καὶ ἄσβεστον φλόγα. Εἰ οὖν ἡ σαλαμάνδρα σβέννυσι τὸ πῦρ τῇ ἑαυτῆς φυσιολογίᾳ, πόσῳ μᾶλλον <εἰκὸς> τοὺς δικαίους, τοὺς κατὰ δικαιοσύνην περιπατήσαντας, καὶ σβέσαντας τὸ πῦρ, καὶ φράξαντας στόματα λεόντων;

---

109 사 43.2: καὶ ἐὰν διαβαίνῃς δι' ὕδατος, μετὰ σοῦ εἰμι, καὶ ποταμοὶ οὐ συγκλύσουσίν σε· *καὶ ἐὰν διέλθῃς διὰ πυρός, οὐ μὴ κατακαυθῇς, φλὸξ οὐ κατακαύσει σε.*

Gr31-1. 살라만드라[110]에 관하여

살라만드라라고 불리는 동물이 있습니다. 피지올로구스가 살라만드라에 관하여 말하기를, 살라만드라가 불가마에 들어가면 가마 전체가 꺼지며, 욕탕의 풀무불에 들어가면 풀무불이 꺼진다고 합니다. 그러므로 살라만드라가 자연법칙으로 불을 껐다면, 어떻게 아직도 어떤 이들은 세 젊은이들이 가마에 던져졌음에도 아무런 해도 입지 않았고, 오히려 정반대로 그 가마를 차갑게 하였다는 것을 믿지 않습니까? 기록되기를, 네가 불 가운데로 지날지라도, 불꽃이 너를 태우지 못하리라고 하였습니다. 오 사람이여, 이렇게 그대도 영원하고 꺼지지 않는 불꽃을 끌 수 있도록 하십시오. 그러므로 살라만드라가 자기의 자연법칙으로 불을 껐다면, 의를 따라 걷는 의인들은, 얼마나 더 불을 끄고, 사자들의 입을 봉할 〈만〉 합니까?

Gr31-2. Περὶ τῶν ἁγίων τριῶν παίδων

Θαυμάσιόν ἐστιν ἐν τῷ Δανιὴλ τῷ προφήτῃ γεγραμμένον ἱστόρημα περὶ τῶν γενναιοτάτων τριῶν ἁγίων παίδων, τῶν εἰς τὴν κάμινον τοῦ πυρὸς ῥιφέντων ἐκ διαβολῆς, καὶ ὑμνούντων, ὥστε θαυμάζειν αὐτούς· δίκαιοι γὰρ ἐτύγχανον. θαῦμα ἦν ἀληθῶς, εἰ καὶ οἱ ἅγιοι ἀπόστολοι νεκροὺς ἤγειραν, καὶ μείζους δυνάμεις ἐποίησαν μετὰ τοὺς δικαίους, καὶ ὄρη μεθίστασαν ἐν τῇ θαλάσσῃ;

Gr31-2. 거룩한 세 젊은이들에 관하여

다니엘 예언서에 기록된 고귀하고 거룩한 세 젊은이들에 관한 이야기는 놀라운 일입니다. 그들은 모략에 의해 불가마에 던져졌으나, 찬양하였고, 그

---

110 도롱뇽의 일종이다.

러므로 그들을 놀랍다고 하는 것입니다. 그들은 의로웠기 때문입니다. 사도들이 죽은 자들을 일으키고, 의인들과 함께 더 큰 권능을 행하며, 산을 바다에 옮긴다면, 그 일은 참으로 놀라운 것입니다.

Gr31-3. Περὶ τῶν ἁγίων τριῶν παίδων

Θαῦμα ὡς ἀληθῶς ἐξαίσιον καὶ τῶν γενναιοτάτων τριῶν παίδων μυστήριον, τῶν εἰς τὴν κάμινον τοῦ πυρὸς ἐμβληθέντων, οἳ καὶ νεκροὺς ἤγειραν, ὡς ὁ τούτων δεσπότης. καὶ γὰρ τὸ τηλικαύτην πυρὸς δύναμιν σβέσαι καὶ τῆς τοῦ τότε καιροῦ ἀνωμαλίας καὶ τῶν κρατούντων τυραννίδος καὶ τῆς αὐτῶν θαρσαλεότητος <κρατεῖν θαῦμα> ἐπάξιον ὡς ἀληθῶς, καὶ λίαν ἁρμόδιον ἡμῖν τε καὶ τοῖς ἐντυγχάνουσιν ὡς ἄγαν ὠφελιμώτατον.
Καλῶς ὁ Φυσιολόγος ἔλεξε περὶ τῆς σαλαμάνδρας.

Gr31-3. 거룩한 세 젊은이들에 관하여

참으로 고귀한 세 젊은이들의 비범한 신비는 놀라운 일입니다. 그들은 불가마 속으로 던져졌지만, 그들의 대주재께서 하신 것처럼 그들은 죽은 자들을 일으켰습니다. 당대의 불, 즉 그 시대의 혼란과 지배자들의 폭정의 힘을 꺼뜨리고 그들이 참으로 담대함을 〈붙든 것은 놀라운 일이며,〉 우리에게나 이러한 일에 처할 이들에게도 매우 유익한 일입니다.
피지올로구스는 살라만드라에 관하여 잘 설명해 주었습니다.

32. 금강석 1

Gr32 Y47

Gr32-1. Περὶ λίθου ἀδαμαντίνου

Ὁ Φυσιολόγος ἔλεξε περὶ τοῦ ἀδαμαντίνου λίθου ὅτι ἐν τῷ ἀνατολικῷ μέρει εὑρίσκεται [ὁ ἀδάμας], οὐχ εὑρίσκεται δὲ ἐν ἡμέρᾳ, ἀλλ' ἐν νυκτί· ἀδάμας δὲ λέγεται ὅτι πάντα δαμάζει, αὐτὸς δὲ ὑπ' οὐδενὸς δαμάζεται. Καὶ ὁ Κύριος ἡμῶν Ἰησοῦς Χριστὸς πάντας κρίνει, αὐτὸς δὲ ὑπ' οὐδενὸς κρίνεται. αὐτὸς γὰρ εἶπε· "τίς ἐξ ὑμῶν ἐλέγξει με περὶ ἁμαρτίας;"[111] ἐν νυκτὶ δὲ εὑρίσκεται, καὶ οὐχ ἡμέρα. ἄκουσον τί φησιν· "ὁ λαὸς ὁ καθήμενος ἐν σκότει φῶς εἶδε μέγα, καὶ τοῖς καθημένοις ἐν χώρᾳ καὶ σκιᾷ θανάτου φῶς ἀνέτειλεν."[112] ἐν τῇ ἀνατολῇ οὖν εὑρίσκεται. ἀληθῶς γὰρ κατὰ τὸν προφήτην "ἀνατολὴ ὄνομα αὐτῷ," καὶ πάλιν ἐν ἑτέρῳ γέγραπται· "ἀνατελεῖ ἄστρον ἐξ Ἰακώβ."[113] καὶ ἄνθρωποι δὲ δίκην ἀδάμαντος γεγόνασιν, οἷος ὁ Ἰώβ, ἄνθρωπος τῶν ἀφ' ἡλίου ἀνατολῶν, μὴ δυνάμενος ὑπὸ τοῦ πονηροῦ δαμασθῆναι, καὶ οἷοι γεγόνασιν οἱ

---

111 요 8.46a: *τίς ἐξ ὑμῶν ἐλέγχει με περὶ ἁμαρτίας*.

112 마 4:16: *λαὸς ὁ καθήμενος ἐν σκότει φῶς εἶδεν μέγα, καὶ τοῖς καθημένοις ἐν χώρᾳ καὶ σκιᾷ θανάτου φῶς ἀνέτειλεν* αὐτοῖς.

113 민 24.17a: δείξω αὐτῷ καὶ οὐχὶ νῦν μακαρίζω καὶ οὐκ ἐγγίζει *ἀνατελεῖ ἄστρον ἐξ Ιακωβ*.

ἀπόστολοι, τὴν ἀνατολὴν Χριστὸν ἀγαπήσαντες, καθὼς καὶ Παῦλός πού φησιν· "εἰ δοκιμὴν ζητεῖτε τοῦ ἐν ἐμοὶ λαλοῦντος Χριστοῦ,"[114] ὑπὸ Ἰουδαίων ῥαβδιζόμενος ἐν φυλακαῖς, ἐν διωγμοῖς, ἐν ἀκαταστασίαις, ὑπομένων κινδύνους ποταμῶν, κινδύνους λῃστῶν, κινδύνους ἐν ψευδαδέλφοις·[115] καὶ ὥσπερ ἀδάμας οὐκ ἐνδέδωκεν, ἀλλὰ γενναίως ὑπομείνας, οὐχ ἡττήθη παρὰ τῶν θλιβόντων, οὕτω καὶ πᾶς ὁ χορὸς τῶν προφητῶν καὶ ἁγίων νοείσθω.

Πάντες οὖν οἱ ἅγιοι προφῆται καὶ ἀπόστολοι τὴν ἀνατολὴν ἔχοντες ὥσπερ ὁ ἀδάμας, οὐκ ἐνέδωκαν ἐν ταῖς βασάνοις, ἀλλὰ γενναίως ὑπομείναντες οὐχ ἡττήθησαν.

Gr32-1. 금강석에 관하여

피지올로구스가 금강석에 관하여 말하기를, [금강석]은 동방에서 발견되며, 낮에는 찾을 수 없고, 밤에 찾을 수 있습니다. 금강석은 모든 것을 굴복시키지만, 어떤 것에도 굴복하지 않는다고 합니다.

우리 주 예수 그리스도께서도 모두를 심판하시나, 누구에게도 심판 받지 않으십니다. 그가 이렇게 말씀하셨기 때문입니다. "너희 중에 누가 나를 책망하는가?" 금강석은 밤에 발견되지만, 낮에는 그러하지 않습니다. 이 말을 들으십시오. 어둠 속에 앉아 있던 백성이 큰 빛을 보았고, 죽음의 땅과 그림자에 나앉은 이들에게 빛이 떠올랐습니다. 그러므로 그것은 동방에서 발견됩니다. 참으로 예언자들에 의하면 그의 이름은 돋는 해(동방)인데, 다른 곳에도 기록되어 있습니다. "야곱에게서 별이 떠오르리라." 이러한 사람

---

114 고후 13.3a: *ἐπεὶ δοκιμὴν ζητεῖτε τοῦ ἐν ἐμοὶ λαλοῦντος Χριστοῦ*.

115 고후 11.26: ὁδοιπορίαις πολλάκις, **κινδύνοις ποταμῶν, κινδύνοις λῃστῶν**, κινδύνοις ἐκ γένους, κινδύνοις ἐξ ἐθνῶν, κινδύνοις ἐν πόλει, κινδύνοις ἐν ἐρημίᾳ, κινδύνοις ἐν θαλάσσῃ, **κινδύνοις ἐν ψευδαδέλφοις**.

들은 금강석의 특징을 가지는데, 먼저 욥이 그러합니다. 그는 해 뜨는 동방
의 사람이며, 악에 의해 굴복되지 않았습니다. 또한 사도들도 그러한데, 그
들은 돋는 해이신 그리스도를 사랑하였습니다. 바울이 이른 것처럼 말입니
다. "내 안에서 말씀하시는 그리스도의 증거를 너희가 구하니." 그는 감옥
과 박해와 무질서 속에서 유대인들에 의해 매를 맞았고, 강의 위협, 강도의
위협, 거짓 형제들 속에서의 위협을 견뎌냈습니다. 금강석이 압도당하지
않고 오히려 고귀하게 견디며, 환란에 굴복하지 않았던 것처럼, 모든 예언
자와 성인들의 무리도 그러했다는 것을 가지적(可知的)으로 이해해야 합니
다.

그러므로 거룩한 예언자들과 사도들 모두가 금강석처럼 돋는 해를 가지고
서, 고문에 압도당하지 않고, 오히려 고귀하게 견뎌내며 굴복하지 않았습
니다.

Ἐν τῇ οὖν νυκτὶ εὑρίσκεται, οὐκ ἐν τῇ ἡμέρᾳ ὁ λίθος. "ὁ λαὸς γὰρ ὁ
καθήμενος ἐν χώρᾳ σκότους καὶ σκιᾷ θανάτου, φῶς ἀνέτειλεν αὐτοῖς,"[116]
τοῖς ποτὲ καὶ πάλαι Ἰουδαίοις, τέκνοις οὖσι, καὶ ἡμέρα οὐκ ἀνέτειλεν
αὐτοῖς, διότι εἶπεν· "εἰς τὰ ἴδια ἦλθε, καὶ οἱ ἴδιοι αὐτὸν οὐ παρέλαβον,"[117]
καί· "ἀνέτειλεν ἡμῖν φῶς, τοῖς ἐν σκότει καὶ σκιᾷ θανάτου καθημένοις."[118]
καὶ ἐν τῷ Ἀμὼς τῷ προφήτῃ γέγραπται ὅτι "εἶδον ἀδαμάντινον."[119] [ἐὰν
εὑρεθῇ<ς> ἐν τοῖς ἀνατολικοῖς μέρεσι, μέλλεις βληθῆναι δίκαιος,

---

116 마 4.16: *ὁ λαὸς ὁ καθήμενος ἐν σκότει* φῶς εἶδεν μέγα, καὶ *τοῖς καθημένοις ἐν χώρᾳ καὶ σκιᾷ
θανάτου φῶς ἀνέτειλεν αὐτοῖς.*

117 요 1.11: *εἰς τὰ ἴδια ἦλθεν, καὶ οἱ ἴδιοι αὐτὸν οὐ παρέλαβον.*

118 눅 1.78-79: διὰ σπλάγχνα ἐλέους θεοῦ ἡμῶν, ἐν οἷς *ἐπισκέψεται ἡμᾶς ἀνατολὴ ἐξ ὕψους, ἐπιφᾶναι
τοῖς ἐν σκότει καὶ σκιᾷ θανάτου καθημένοις,* τοῦ κατευθῦναι τοὺς πόδας ἡμῶν εἰς ὁδὸν εἰρήνης.

119 암 7.7: οὕτως ἔδειξέν μοι κύριος καὶ *ἰδοὺ ἀνὴρ ἑστηκὼς ἐπὶ τείχους ἀδαμαντίνου καὶ ἐν τῇ χειρὶ
αὐτοῦ ἀδάμας.*

*ἄμεμπτος, θεοσεβής· ὡς καὶ ὁ Ἰὼβ ὁ γενναιότατος τῶν ἀφ' ἡλίου
ἀνατολῶν].*

그러므로 그 돌은 밤에 발견되고, 낮에는 발견되지 않습니다. "어둠의 장소
와 죽음의 그림자에 앉아 있는 백성, 그들에게 빛이 떠올랐다." 그들은 옛
유대인들로서, 한때 자녀들이었지만, 낮이 그들에게 떠오르지 않았습니다.
그래서 이렇게 말했습니다. "그분은 자기 땅에 오셨지만 오셨지만, 자기 백
성들은 영접하지 않았다." 또한, "빛이 우리, 곧 어둠과 죽음의 그림자에 앉
아 있는 자들에게 떠올랐다." 아모스 예언서에 기록되기를, "그들이 금강석
을 보았다." [그대가 동방에서 발견된다면, 의롭고, 비난할 것 없는, 경건한 자
로 보이게 될 것입니다. 해 뜨는 동방에서 가장 고귀한 사람이었던 욥처럼 말입
니다.]

*Καλῶς οὖν ὁ Φυσιολόγος ἔλεξε περὶ τοῦ ἀδαμαντίνου λίθου ὅτι δαμάζει
τὰ πάντα, αὐτὸς δὲ ὑπ' οὐδενὸς δαμάζεται.*
*Ἰωάννης εἶπεν· "εἶδον οὐρανοὺς ἀνεῳγμένους, καὶ τὸ πνεῦμα τοῦ Θεοῦ
καταβαῖνον ἐπ' αὐτόν, καὶ φωνὴ ἐκ τῶν οὐρανῶν λέγουσα· 'οὗτός ἐστιν ὁ
υἱός μου ὁ ἀγαπητός, ἐν ᾧ ηὐδόκησα· αὐτῷ πιστεύσατε.'"*[120]

그러므로 피지올로구스는 금강석에 관하여, 그것이 모든 것을 굴복시키지
만, 그것은 어떤 것에게도 굴복하지 않는다고 잘 설명해 주었습니다.
요한은 말했습니다. "하늘이 열리고, 하나님의 영이 그분 위에 내려오는 것

---

120   마 3.16-17: βαπτισθεὶς δὲ ὁ Ἰησοῦς εὐθὺς ἀνέβη ἀπὸ τοῦ ὕδατος· *καὶ ἰδοὺ ἠνεῴχθησαν [αὐτῷ] οἱ
       οὐρανοί, καὶ εἶδεν [τὸ] πνεῦμα [τοῦ] θεοῦ καταβαῖνον ὡσεὶ περιστερὰν [καὶ] ἐρχόμενον ἐπ' αὐτόν·
       καὶ ἰδοὺ φωνὴ ἐκ τῶν οὐρανῶν λέγουσα· οὗτός ἐστιν ὁ υἱός μου ὁ ἀγαπητός, ἐν ᾧ εὐδόκησα.*

을 내가 보았다. 그리고 하늘에서 소리가 말하였다. '그는 내 사랑하는 아들 이요, 내가 기뻐하는 자라. 너희는 그를 믿으라.'"

Φυσιολόγου ἐξήγησις· "φωνὴ βοῶντος ἐν τῇ ἐρήμῳ· ἑτοιμάσατε τὴν ὁδὸν τοῦ Κυρίου, εὐθείας ποιεῖτε τὰς τρίβους αὐτοῦ. πᾶσα φάραγξ πληρωθήσεται καὶ πᾶν ὄρος καὶ βουνὸς ταπεινωθήσεται, καὶ ἔσται τὰ σκολιὰ εἰς εὐθείας, καὶ αἱ τραχεῖαι εἰς ὁδοὺς λείας, καὶ ὄψεται πᾶσα σὰρξ τὸ σωτήριον τοῦ Θεοῦ."[121] ἐπουράνιος καὶ πατρικὴ κατέλαβεν ἡμᾶς χάρις τοῦ Κυρίου ἡμῶν Ἰησοῦ Χριστοῦ· αὐτοῦ δεξάμενοι τὰς ἐντολὰς σωθησόμεθα.

피지올로구스의 주해입니다. "광야에서 외치는 자의 소리가 있어 말하기를, 너희는 주님의 길을 예비하라. 그의 오실 길을 곧게 하라. 모든 골짜기가 메워지고 모든 산과 언덕이 낮아지고 굽은 것이 곧아지고 험한 길이 평탄해지리라. 모든 육체가 하나님의 구원을 보게 되리라." 우리 주 예수 그리스도의 천상의 아버지로서의 은혜가 우리를 사로잡았습니다. 우리는 그분을 영접하고 계명을 준수할 것입니다.

Gr32-2. Τὰ δὲ κατὰ τὸν ἀδάμαντα πῶς ἐκληπτέον

Ἔστι καὶ λίθος ἀδάμας οὕτω καλούμενος· οὔτε γὰρ σιδήρῳ τέμνεται, οὔτε γλυφῇ μαλθακίζεται, ἀλλ' οὐδὲ τῷ παμφάγῳ πυρὶ κατατήκεται, αἵματι δὲ μόνῳ τραγείῳ, ὅτι καὶ τῶν ἄλλων τοῦτο θερμότερον, τὸ τοῦ

---

121 눅 3.4-6: ὡς γέγραπται ἐν βίβλῳ λόγων Ἠσαΐου τοῦ προφήτου, λέγοντος, *Φωνὴ βοῶντος ἐν τῇ ἐρήμῳ, Ἑτοιμάσατε τὴν ὁδὸν κυρίου· εὐθείας ποιεῖτε τὰς τρίβους αὐτοῦ. Πᾶσα φάραγξ πληρωθήσεται, καὶ πᾶν ὄρος καὶ βουνὸς ταπεινωθήσεται· καὶ ἔσται τὰ σκολιὰ εἰς εὐθεῖαν, καὶ αἱ τραχεῖαι εἰς ὁδοὺς λείας· καὶ ὄψεται πᾶσα σὰρξ τὸ σωτήριον τοῦ θεοῦ.*

λίθου στερρὸν καὶ ἀνένδοτον καταμαλάττεσθαι εἴωθε. τοῦτον μέντοι τὸν ἀδάμαντα καὶ ἐν νυκτὶ λέγουσι, καὶ κατὰ τὸ ἀνατολικὸν μέρος εὑρίσκεσθαι.

Gr32-2. 금강석에 관한 것을 이해하는 법

금강석으로 불리는 돌이 있습니다. 이것은 철로 자를 수도 없고, 조각칼로도 부드러워지지도 않으며, 심지어 모든 것을 태워버리는 불에도 녹지 않습니다. 다만 염소의 피로만 돌의 단단함과 견고함이 부드러워지는데, 이는 염소의 피가 다른 것들보다 더 뜨겁기 때문입니다. 이 금강석은 밤에 찾을 수 있으며, 동방에서 발견된다고 합니다.

Διατί δὲ ταῦτα καὶ τίνος ἕνεκεν τῷ βίῳ τούτῳ παρήχθη τοιαύτη φύσις παράδοξος; ἵν' ὅταν τῷ κατὰ Χριστὸν θείῳ κηρύγματι διαπιστῶν τις εὑρίσκεται, ἀπειθής τε ἄκων ὁρῷτο, καὶ τὸ μυστήριον εὐχερῶς παραδέχοιτο, εἰς αὐτὸν ἀφορῶν τὸν ἀδάμαντα. ἐν νυκτὶ γὰρ καὶ ὁ δεσπότης πάντων Χριστὸς καὶ κατ' ἀνατολὰς ἐν Βηθλεὲμ καθ' ἡμᾶς εὑρέθη ὡς ἄνθρωπος. ὡς καὶ ἄμαχός ἐστι τὴν ἰσχύν· ὅσα γὰρ καὶ οἱ βασιλεῖς ἡγεμόνες καὶ τύραννοι κατ' αὐτοῦ ἐμελέτησαν, ἀλλ' ἐσφάλησαν ἅπαντες τοῦ σκοποῦ· ὡς γὰρ ἀδάμαντι τῷ Χριστῷ προσβαλόντες, ἀνίσχυροι πάντες ἠλέ<γ>χθησαν. ὅτι δὲ ὁ ἀδάμας ἐναργές ἐστι τοῦ Χριστοῦ προεικόνισμα, καὶ τοῦ προφήτου Ἀμμὼς ἄκουε λέγοντος· "ἰδοὺ ἐγὼ τάσσω ἀδάμαντα ἐν μέσῳ τοῦ λαοῦ μου Ἰσραήλ, καὶ καταλυθήσονται οἱ βωμοὶ τοῦ γέλωτος, καὶ αἱ τελεταὶ τοῦ Ἰσραὴλ ἐρημωθήσονται."[122]

왜, 무엇 때문에 이런 역설적인 본성이 이 세상에 깃들게 되었을까요? 그것은 그리스도에 의한 신성한 선포를 이해하려고 할 때, 믿음이 없고 고집이 센 자가, 금강석이신 그분을 바라보면서, 쉽게 신비를 받아들이도록 하려 함입니다. 만물의 대주재이신 그리스도께서도 밤에 동방의 베들레헴에서 우리처럼 사람으로 나타나셨습니다. 또한 그분은 강력함에 있어서 대적할 수 없는 분이십니다. 군림하는 모든 왕들과 폭군들은 그분을 대적하려 했지만, 그 모든 자들은 실패했습니다. 금강석이신 그리스도께 달려든 이들은, 모두 무력하게 패〈배〉하였습니다. 이는 금강석이 그리스도의 분명한 예표이기 때문이니, 아모스 예언자의 말을 들으십시오. "보라, 내가 금강석을 내 백성 이스라엘 가운데 세우리니, 기쁨의 제단들이 파괴될 것이요, 이스라엘의 의례들이 황폐해지리라."

πρόσεχε οὖν εἰ μὴ καὶ αὐτῷ τῷ ἀμάχῳ Χριστῷ τὴν ἰσχὺν οἱ τῶν εἰδώλων τε βωμοὶ κατελύθησαν καὶ αἱ τελεταὶ τοῦ Ἰσραὴλ πάντη γεγόνασιν ἔρημοι πλὴν ὁ τοσοῦτος Χριστὸς ὁ ἀήττητος τὴν ἰσχύν; ὁ πάντων ἀνώτερος εὑρεθεὶς αἵματι θερμῷ κατὰ τὸν ἀδάμαντα ἐπικάμπτεται· καὶ δῆλον ἐξ ὧν αὐτὸς ὁ Κύριος πρὸς τοὺς ἐκ Ζεβεδαίου, ἡνίκα προσελθόντες αὐτῷ καθέδρας ἐκ δεξιῶν τε καὶ ἀριστερῶν ἐζήτουν, ἔλεγε· "δύνασθε πιεῖν τὸ ποτήριον ὃ ἐγὼ πίνω;"[123] ἀλλὰ καὶ ὁ παμμέγας Παῦλος αὐτὸ τοῦτο προδήλως ἐνέφηνε οὕτως εἰπών· "οὔπω ἀντικατέστητε πρὸς τὴν ἁμαρτίαν μέχρις αἵματος·"[124] αἵματι λοιπὸν θερμῷ κατὰ τὸν ἀδάμαντα

---

122 암 7.8-9: καὶ εἶπεν κύριος πρός με τί σὺ ὁρᾷς Αμως καὶ εἶπα ἀδάμαντα καὶ εἶπεν κύριος πρός με **ἰδοὺ ἐγὼ ἐντάσσω ἀδάμαντα ἐν μέσῳ λαοῦ μου Ισραηλ** οὐκέτι μὴ προσθῶ τοῦ παρελθεῖν αὐτόν καὶ **ἀφανισθήσονται βωμοὶ τοῦ γέλωτος καὶ αἱ τελεταὶ τοῦ Ισραηλ ἐξερημωθήσονται** καὶ ἀναστήσομαι ἐπὶ τὸν οἶκον Ιεροβοαμ ἐν ῥομφαίᾳ.

123 막 10.38b: **δύνασθε πιεῖν τὸ ποτήριον ὃ ἐγὼ πίνω** ἢ τὸ βάπτισμα ὃ ἐγὼ βαπτίζομαι βαπτισθῆναι.

καὶ ὁ Χριστὸς ὁ ἀήττητος ἥττηται, σπλάγχνα τε οἰκεῖα μαλάσσεται, καὶ τὴν ἐν οὐρανοῖς ἐντεῦθεν βασιλείαν χαρίζεται.

그러므로 그대는 강력하셔서 대적할 수 없는 그리스도께만 경배하십시오. 강력하셔서 대적할 수 없는 그리스도, 그분에 의해 우상들의 제단은 파괴되고 이스라엘의 의례들은 모든 곳에서 황폐해지지 않았습니까? 만물보다 높으신 그 분도 금강석처럼 뜨거운 피에 의해 부드러워지십니다. 이는 세베대의 자식들이 그분께 와서 오른쪽과 왼쪽 자리를 구할 때, 그분께서 "너희가 내가 마시는 잔을 마실 수 있느냐?" 라고 말씀하신 것을 통하여 알 수 있습니다. 또한 위대한 바울도 명백히 이렇게 말하며 이러한 것을 드러냈습니다. "그대들은 아직 피 흘리기까지 죄와 싸우지 않았습니다." 대적할 수 없는 분이신 그리스도께서도 금강석처럼 뜨거운 피에 굴복하시고, 자기의 마음을 부드럽게 하시어, 하늘 나라를 선사하십니다.

---

33. 제비

Gr33 Y42

Gr33-1. Περὶ χελιδόνος

Ὁ Φυσιολόγος ἔλεξε περὶ τῆς χελιδόνος ὅτι ἅπαξ γεννᾷ, καὶ οὐκέτι γεννᾷ. Ὁ Σωτήρ μου ἅπαξ ἐκυοφορήθη, ἅπαξ ἐγεννήθη, ἅπαξ ἐσταυρώθη, ἅπαξ ἐτάφη, ἅπαξ ἐκ νεκρῶν ἀνέστη. "εἷς Θεός, μία πίστις, ἓν βάπτισμα, εἷς πατὴρ τῶν ἁπάντων."[125]
Καλῶς ὁ Φυσιολόγος ἔλεξε περὶ τῆς χελιδόνος.

Gr33-1. 제비에 관하여

피지올로구스는 제비에 관하여 말하기를, 제비는 한 번만 새끼를 낳고, 더 이상 낳지 않는다고 합니다. 나의 구원자께서는 한 번 잉태되었으며, 한 번 태어나셨고, 한 번 십자가에 못 박히셨고, 한 번 묻히셨으며, 죽은 자들 가운데서 한 번 부활하셨습니다. "하나님은 한 분이시요, 믿음도 하나요, 세례도 하나요, 만물의 아버지도 한 분이시다."
피지올로구스는 제비에 관하여 잘 설명해 주었습니다.

---

125 엡 4.5: *εἷς κύριος, μία πίστις, ἓν βάπτισμα*.

Gr33-2. Περὶ χελιδόνος

Ἔστι γὰρ ἡ χελιδὼν σχετικὸν ὄρνεον καὶ ὀξύδρομον αὕτη δὲ πορεύεται τὸν μὲν ἥμισυ<ν> χρόνον ἐν τῇ ἐρήμῳ, καὶ τὸν ἥμισυ<ν> ἐν τῇ πλατείᾳ, ἤγουν πλησίον τῶν ἀνθρώπων, καρπογονοῦσά τε ἐν τῇ ἐρήμῳ καὶ ἐν τῇ πλατείᾳ, καὶ ποιεῖ τὴν καλιὰν αὐτῆς ἐν τοῖς οἴκοις τῶν ἀνθρώπων. καὶ ὅταν ποιήσωσι τοὺς νεοσσοὺς αὐτῶν, πορεύονται οἱ ἀμφότεροι καὶ κομίζουσι τὴν βρῶσιν καὶ διατρέφουσιν αὐτούς· καὶ πολλάκις τυφλοῦται εἷς ἐξ αὐτῶν, καὶ εὐθὲως πορεύεται ἡ θύλη ἐν τῇ ἐρήμῳ, καὶ φέρει βοτάνην καὶ ἐπιτίθησιν ἐπὶ τοὺς ὀφθαλμοὺς τοῦ πηρωθέντος, καὶ εὐθέως ἰᾶται καὶ ἀναβλέπει.

Καὶ σὺ οὖν, νοήτε ἄνθρωπε, κατὰ τὸν Προφήτην λέγοντα "ηὐλίσθην ἐν τῇ ἐρήμῳ,"[126] οὕτω πορεύθητι, ἵνα καὶ ἐν τῷ νῦν αἰῶνι καὶ ἐν τῷ μέλλοντι καρπὸν ἔχῃς [εἰς ἄφεσιν ἁμαρτιῶν], καὶ ὅταν ἐν ἁμαρτίαις περιπέσῃς καὶ ἀποτυφλωθῇ ἡ διάνοιά σου, ἀπέλθε εἰς τὴν ἔρημον, τούτεστιν εἰς πόλιν περιοχῆς, καὶ λαβὲ τὴν βοτάνην, τουτέστι τὴν μετάνοιαν, καὶ ἐπίθες ἐπὶ τὴν πήρωσιν τῆς ἀσεβείας, καὶ διὰ τὴν ὁμοούσιον Τριάδα ἐκριζοῦται σοι ἡ τύφλωσις τῆς ἁμαρτίας.

Καλῶς ὁ Φυσιολόγος ἔλεξε περὶ τῆς χελιδόνος.

Gr33-2. 제비에 관하여

제비는 관계적이고 빠른 새입니다. 제비는 일년의 절반은 광야에서 보내고 절반은 길거리, 즉 사람들과 가까운 곳에서 보냅니다. 또한 광야와 길거리에서 새끼를 낳고 사람들의 집에 둥지를 짓습니다. 제비는 새끼를 낳으면

---

126 시 55.7(LXX 54.8): ἰδοὺ ἐμάκρυνα φυγαδεύων καὶ *ηὐλίσθην ἐν τῇ ἐρήμῳ* διάψαλμα.

부모 둘 다 날아가서 음식을 가져와 먹이를 줍니다. 종종 그 새끼 중 한 마리가 눈이 멀게 되는데, 그러면 암컷이 즉시 광야로 날아가서 약초를 가져다가 눈 먼 새의 눈에 바르면 즉시 낫고 다시 보게 됩니다.

그러므로 가지적(可知的)인 사람이여, 그대도 "내가 광야에 거하리라." 라고 한 선지자의 말씀을 따라서 나아가십시오. 이는 금세와 장래에 그대가 [죄 사함의] 열매를 맺게 하려 함입니다. 그리고 그대가 죄에 빠져 그대의 관념이 어두워졌을 때, 광야, 즉 외딴 도시로 가서 약초, 즉 회개를 가져다가 불경건의 상처에 바르십시오. 그러면 본질이 동일하신 삼위일체에 의해 죄로 눈먼 상태가 완전히 제거될 것입니다.

피지올로구스는 제비에 관하여 잘 설명해 주었습니다.

Gr33-3. Περὶ χελιδόνος

Ἡ χελιδὼν τοῦ χειμῶνος παρελθόντος τῷ ἔαρι φαίνεται καὶ ὑπὸ ὄρθρον λαλεῖ, ἐξυπνίζουσα τοὺς κοιμωμένους εἰς ἔργον.

Καὶ οἱ τέλειοι ἀσκηταί, ἐπὰν ὁ χειμὼν τοῦ σώματος παρέλθῃ, τουτέστι πᾶσα ἐπιθυμία σαρκικὴ ἀποσβεσθῇ, τότε ἁγνοὶ ἐπὶ τῆς κοίτης αὐτῶν μνημονεύοντες τοῦ Κυρίου, ἐν τοῖς ὄρθροις μελετῶσι πρὸς αὐτόν, ἐξεγείροντες τοὺς βεβαρυμένους εἰς ὕπνον ἐπὶ τὸ ἐργάζεσθαι τὸ ἀγαθόν, καὶ βοῶντες· "ἔγειραι ὁ καθεύδων καὶ ἀνάστα ἐκ τῶν νεκρῶν, καὶ ἐπιφαύσει σοι ὁ Χριστός."[127] "νεκρῶν" δὲ λέγει τῶν Ἰουδαίων, περὶ ἃ κοιμῶνται μὴ ἐργαζόμενοι τὸ ἀγαθόν.

Καλῶς οὖν ὁ Φυσιολόγος ἔλεξε περὶ τοῦ καιροῦ καὶ τῆς χελιδόνος.

---

127 엡 5.14: πᾶν γὰρ τὸ φανερούμενον φῶς ἐστιν. διὸ λέγει· **ἔγειρε, ὁ καθεύδων, καὶ ἀνάστα ἐκ τῶν νεκρῶν, καὶ ἐπιφαύσει σοι ὁ Χριστός**.

Gr33-3. 제비에 관하여

제비는 겨울이 지나고 봄에 나타나며, 새벽에 소리를 내어서 자는 사람들이 일하도록 깨워줍니다.

완전한 수행자들도, 몸의 겨울이 다가올 때, 즉 육신의 모든 욕망이 사라지면, 그때 자기의 침상에서 주님을 기억하며, 새벽에 그분을 묵상합니다. 그리고 잠이 든 자들을 깨워서 선을 행하게 하며, 이렇게 외칩니다. "잠자는 자여, 깨어서 죽은 자들 가운데서 일어나라. 그리스도께서 네게 비추시리라." "죽은 자들"이란 유대인들을 말하는데, 그들은 선을 행하지 않으므로 잠자는 것입니다.

이와 같이 피지올로구스는 계절과 제비에 관하여 잘 설명해 주었습니다.

34. 페리덱시온 나무

Gr34 Y19 B32 C24

Gr34. Περὶ δένδρου περιδεξίου

Ἔστι δένδρον ἐν τῇ Ἰνδικῇ περιδέξιον καλούμενον, ὁ δὲ καρπὸς αὐτοῦ γλυκύτατός ἐστι καὶ χρηστὸς σφόδρα. Αἱ δὲ περιστεραὶ τέρπονται πάνυ τρεφόμεναι ἀπὸ τοῦ καρποῦ τοῦ δένδρου ἐκείνου κατασκηνοῦσι γὰρ ἐπ' αὐτοῦ, ἔστι δὲ ὁ δράκων κατὰ τῆς περιστερᾶς πολέμιος καὶ ἐχθρός. Φοβεῖται δὲ ὁ δράκων τὸ δένδρον ἐκεῖνο καὶ τὴν σκιὰν αὐτοῦ, ἐν ᾧ αἱ περιστεραὶ ἐναυλίζονται, καὶ οὐ δύναται ὁ δράκων ἐγγίσαι τῆς περιστερᾶς, ἀλλ' οὐδὲ τῆς σκιᾶς τοῦ δένδρου. ἐὰν οὖν ἡ σκιὰ τοῦ δένδρου εἰς τὰ δυτικὰ μέρη κλίνῃ, φεύγει ὁ δράκων εἰς ἀνατολήν, ἐὰν δὲ ἔλθῃ εἰς ἀνατολήν, φεύγει εἰς δύσιν. ἐὰν οὖν ἀποπλανηθῇ ἡ περιστερὰ ἐν τῷ σκότει ἀπὸ τοῦ δένδρου, εὑρὼν αὐτὴν ὁ δράκων, ἀποκτείνει αὐτήν.

Gr34. 페리덱시온 나무에 관하여

인도에는 페리덱시온이라고 불리는 나무가 있는데, 그 나무의 열매는 무척 달고 매우 쓸모 있습니다. 비둘기들은 그 나무의 열매를 먹으며 매우 즐거워하고 그 나무 위에 거하는데, 용(큰 뱀)은 비둘기를 대적하며 적대적입니다. 그러나 용은 비둘기들이 머무르는 그 나무와 나무 그늘을 두려워하여,

비둘기에게 다가갈 수 없을뿐더러, 나무 그늘에도 다가갈 수 없습니다. 그러므로 나무 그늘이 서쪽으로 기울어지면, 용은 동쪽으로 도망치고, 그늘이 동쪽으로 기울어지면, 용은 서쪽으로 도망칩니다. 그런데 비둘기가 나무에서 떠나 어둠 속에서 방황하면, 용은 그를 찾아서 죽여버립니다.

Τὸ δένδρον οὖν ἐπὶ τὸν Πατέρα τῶν ὅλων νοεῖται, ὡς εἶπεν ὁ Γαβριὴλ τῇ Μαρίᾳ· "Πνεῦμα ἅγιον ἐπελεύσεται ἐπὶ σέ, καὶ δύναμις Ὑψίστου ἐπισκιάσει σοι."[128] "ξύλον γὰρ ζωῆς ἐστι πᾶσι τοῖς ἀντεχομένοις αὐτοῦ,"[129] "ὃ τὸν καρπὸν αὐτοῦ δώσει ἐν καιρῷ αὐτοῦ,"[130] καί· "ἐν τῇ σκιᾷ τῶν πτερύγων σου ἐλπιοῦμεν."[131] Καὶ ἡ τοῦ ἁγίου Πέτρου σκιὰ ἐδίωκε τὸν φθοροποιὸν θάνατον ἀπὸ τῶν ἀνθρώπων. ἐὰν οὖν καὶ ἡμεῖς ἀντεχώμεθα τῆς σοφίας καὶ τοὺς καρποὺς τοῦ Πνεύματος ἐσθίωμεν, οἵ εἰσι χαρά, εἰρήνη, ἐγκράτεια, μακροθυμία, οὐκ ἐγγίζει ἡμῖν ὁ πονηρὸς διάβολος· ἐὰν δὲ ἐν τοῖς τοῦ σκότους πράγμασιν ἀποπλανηθῶμεν, ἅ ἐστι πορνεία, μοιχεία, εἰδωλολατρία, πάθη, ἐπιθυμίαι κακαὶ καὶ πλεονεξία, εὑρὼν ἡμᾶς ὁ διάβολος μὴ παραμένοντας τῷ τῆς ζωῆς ξύλῳ, εὐκόλως ἀναιρεῖ. Διὸ καὶ ὁ Ἀπόστολος, εἰδὼς τὸ τοῦ σταυροῦ ξύλον ἀναιρετικὸν ὂν τοῦ δαίμονος, ἐβόα· "ἐμοὶ δὲ μὴ γένοιτο καυχᾶσθαι, εἰ μὴ ἐν τῷ σταυρῷ τοῦ Κυρίου, δι' οὗ ἐμοὶ κόσμος ἐσταύρωται, κἀγὼ τῷ κόσμῳ."[132]

---

128 눅 1.35: καὶ ἀποκριθεὶς ὁ ἄγγελος εἶπεν αὐτῇ· **πνεῦμα ἅγιον ἐπελεύσεται ἐπὶ σὲ καὶ δύναμις ὑψίστου ἐπισκιάσει σοι**· διὸ καὶ τὸ γεννώμενον ἅγιον κληθήσεται υἱὸς θεοῦ.

129 잠 3.18: **ξύλον ζωῆς ἐστι πᾶσι τοῖς ἀντεχομένοις αὐτῆς** καὶ τοῖς ἐπερειδομένοις ἐπ' αὐτὴν ὡς ἐπὶ κύριον ἀσφαλής.

130 시 1.3: καὶ ἔσται ὡς τὸ ξύλον τὸ πεφυτευμένον παρὰ τὰς διεξόδους τῶν ὑδάτων **ὃ τὸν καρπὸν αὐτοῦ δώσει ἐν καιρῷ αὐτοῦ** καὶ τὸ φύλλον αὐτοῦ οὐκ ἀπορρυήσεται καὶ πάντα ὅσα ἂν ποιῇ κατευοδωθήσεται.

131 시 57.1(LXX 56.2): ἐλέησόν με ὁ θεὸς ἐλέησόν με ὅτι ἐπὶ σοὶ πέποιθεν ἡ ψυχή μου καὶ **ἐν τῇ σκιᾷ τῶν πτερύγων σου ἐλπιῶ** ἕως οὗ παρέλθῃ ἡ ἀνομία.

Καλῶς οὖν ὁ Φυσιολόγος ἔλεξε περὶ τοῦ περιδεξίου δένδρου.

Δένδρον δὲ νοητέον, ἀγαπητέ, τὰ προστάγματα τοῦ Θεοῦ, καὶ ἕως φυλάσσῃ αὐτὰ ἄνθρωπος, τὸν διάβολον οὐ φοβεῖται· ἡνίκα δὲ αὐτὰ τὰ προστάγματα τοῦ Θεοῦ καταφρονήσῃ, τότε καὶ ὁ δράκων καταλαμβάνει αὐτόν.

그러므로 나무는 만유의 아버지로 가지적(可知的)으로 이해할 수 있는데, 이는 가브리엘이 마리아에게 말한 대로입니다. "성령이 네게 임하시리니 지극히 높으신 이의 능력이 너를 덮으시리라." 그것은 또한 "그것을 붙잡은 모두에게 생명의 나무"이며, "그 나무는 시절을 좇아 과실을 맺는다." 그리고 "당신의 날개 그늘 아래서 피하리이다." 라고 하였습니다. 또한 거룩한 베드로의 그림자는 소멸하게 하는 죽음을 사람들에게서 몰아내었습니다. 그러므로 우리도 지혜에 매달려서 기쁨, 평화, 금욕, 인내인 성령의 열매를 먹으면, 사악한 마귀는 우리에게 다가오지 않습니다. 그러나 우리가 간음, 간통, 우상숭배, 정욕, 악한 욕망과 탐욕인 어둠의 행위 안에서 방황한다면, 악마는 생명 나무 곁에 머무르지 않는 우리를 찾아서, 쉽게 해쳐버릴 것입니다. 따라서 사도께서도, 십자가 나무가 악령을 무찌르는 것임을 알고서, 외쳤습니다. "그러나 나에게는 우리 주 예수 그리스도의 십자가 외에는, 결코 자랑할 것이 없습니다. 그분을 통해 세상이 나에 대하여 십자가에 못 박히고 나 역시 세상에 대하여 그러합니다."

그러므로 피지올로구스는 페리덱시온 나무에 관하여 잘 설명해 주었습니다.

사랑하는 자여, 이 나무는 하나님의 계율이라고 가지적(可知的)으로 이해하

132　갈 6.14: *Ἐμοὶ δὲ μὴ γένοιτο καυχᾶσθαι εἰ μὴ ἐν τῷ σταυρῷ τοῦ κυρίου ἡμῶν Ἰησοῦ Χριστοῦ, δι᾽ οὗ ἐμοὶ κόσμος ἐσταύρωται κἀγὼ κόσμῳ.*

여야 합니다. 사람이 이것을 지키면, 마귀를 두려워하지 않습니다. 그러나 그가 하나님의 계율을 무시하면, 그때 용은 그를 잡아버릴 것입니다.

35. 비둘기

Gr35 Y48 B31

Gr35-1. Περὶ περιστερᾶς

Ὁ μὲν Ἰωάννης εἶπεν ὅτι "εἶδον τοὺς οὐρανοὺς ἀνεῳγμένους καὶ τὸ Πνεῦμα τὸ ἅγιον καταβαῖνον ὡσεὶ περιστερὰν ἐξ οὐρανῶν καὶ μένον ἐπ' αὐτόν, καὶ φωνὴ ἐγένετο ἐκ τῶν οὐρανῶν, λέγουσα· οὗτός ἐστιν ὁ Υἱός μου ὁ ἀγαπητός, ἐν ᾧ ηὐδόκησα."[133]

Περὶ πολλῶν περιστερῶν ἐλάλησεν ὁ Φυσιολόγος. εἰσὶ γὰρ πηγματισταὶ περιστερῶν, καὶ πολλὰ γένη περιστερῶν καὶ πολύχρωμά εἰσιν· ὁ ψαρός, ὁ μελανοειδής, ὁ χρυσόμορφος, ὁ ὁλόλευκος, ὁ πυρροειδής.

Ὁ Φυσιολόγος ἔλεξε περὶ τῶν περιστερῶν ὅτι ἐὰν πάσας τὰς περιστερὰς ὁ πηγματιστὴς ἐξαποστείλῃ, οὐδεμίαν εἰσάγουσιν οὐδὲ πείθουσι τῶν ἄλλων πηγματιστῶν εἰσελθεῖν εἰς τὴν καλιάν, εἰ μὴ μόνος ὁ πυρροειδὴς

---

133 마 3.16-17: βαπτισθεὶς δὲ ὁ Ἰησοῦς εὐθὺς ἀνέβη ἀπὸ τοῦ ὕδατος· *καὶ ἰδοὺ ἠνεῴχθησαν [αὐτῷ] οἱ οὐρανοί, καὶ εἶδεν [τὸ] πνεῦμα [τοῦ] θεοῦ καταβαῖνον ὡσεὶ περιστερὰν [καὶ] ἐρχόμενον ἐπ' αὐτόν· καὶ ἰδοὺ φωνὴ ἐκ τῶν οὐρανῶν λέγουσα· οὗτός ἐστιν ὁ υἱός μου ὁ ἀγαπητός, ἐν ᾧ εὐδόκησα.*
요 1.32: Καὶ ἐμαρτύρησεν Ἰωάννης λέγων ὅτι *τεθέαμαι τὸ πνεῦμα καταβαῖνον ὡς περιστερὰν ἐξ οὐρανοῦ καὶ ἔμεινεν ἐπ' αὐτόν.*
눅 3.21-22: Ἐγένετο δὲ ἐν τῷ βαπτισθῆναι ἅπαντα τὸν λαὸν καὶ Ἰησοῦ βαπτισθέντος καὶ προσευχομένου *ἀνεῳχθῆναι τὸν οὐρανὸν καὶ καταβῆναι τὸ πνεῦμα τὸ ἅγιον σωματικῷ εἴδει ὡς περιστερὰν ἐπ' αὐτόν, καὶ φωνὴν ἐξ οὐρανοῦ γενέσθαι· σὺ εἶ ὁ υἱός μου ὁ ἀγαπητός, ἐν σοὶ εὐδόκησα.*

εἰσάγει πάσας καὶ πείθει.

Gr35-1. 비둘기에 관하여

요한은 말했습니다. "하늘이 열리고 성령이 비둘기처럼 하늘에서 내려오셔서 그분 위에 임하시는 것을 내가 보았다. 그리고 하늘에서 소리가 있어 말하였다. '그는 내 사랑하는 아들이요, 내 기뻐하는 자라.'"

피지올로구스는 많은 비둘기들에 관하여 말하였습니다. 비둘기 애호가들도 있으며, 많은 종류들과 다양한 색깔들이 있습니다. 얼룩덜룩한 색, 검정색, 금색, 순백색, 붉은색입니다.

피지올로구스가 비둘기들에 관하여 말하기를, 비둘기 애호가가 모든 비둘기들을 내보내면, 이들 중에서 어떤 비둘기도 다른 애호가의 새장에 들어가도록 이끌거나 설득하지 못합니다. 다만 붉은색 비둘기만이 모두를 이끌고 설득합니다.

Προεξαπέστειλεν ὁ Πατὴρ πρὸ τῆς ἐπιδημίας τοῦ Χριστοῦ δίκην περιστερῶν πάντας καλέσαι ἐπὶ τὴν ζωὴν Μωϋσῆν, Ἠλίαν, Σαμουήλ, Ἰερεμίαν, Ἠσαΐαν, Ἰεζεκιήλ, Δανιήλ, καὶ τοὺς λοιποὺς προφήτας, καὶ οὐδεὶς ἴσχυσεν εἰσαγαγεῖν εἰς τὴν ζωὴν τοὺς ἀνθρώπους· ὅτε δὲ ἐξαπεστάλη ὁ Κύριος ἡμῶν Ἰησοῦς Χριστὸς ἐξ οὐρανῶν παρὰ τοῦ Πατρός, τῷ ἰδίῳ αἵματι πάντας εἰσήγαγεν εἰς τὴν ζωήν, λέγων· "δεῦτε πρός με πάντες οἱ κοπιῶντες καὶ πεφορτισμένοι, κἀγὼ ἀναπαύσω ὑμᾶς."[134]

Ῥαὰβ ἡ πόρνη, πιστεύσασα τῷ σημείῳ τῷ κοκκίνῳ, διεσώθη αὐτῆς ἡ

---

134   마 11.28: *Δεῦτε πρός με πάντες οἱ κοπιῶντες καὶ πεφορτισμένοι, κἀγὼ ἀναπαύσω ὑμᾶς.*

ψυχή, καὶ ὁ κόκκος ὁ νοερὸς πᾶς καὶ ὁ οἶκος αὐτῆς. καὶ ἐν τοῖς Ἄισμασιν ὁ Σολομῶν φησιν· "ὡς σπαρτίον κόκκινον χείλη σου."[135] καὶ Μαριὰμ δὲ ἔλαβε τὸ κόκκινον καὶ τὴν ἀληθινὴν πορφύραν ἐργάζεσθαι, κληρωθεῖσα τοῦτο ποιεῖν. καὶ ἐν τῷ κατὰ Ματθαῖον γέγραπται ὅτι μέλλων σταυροῦσθαι ὁ Κύριος ἐνεδύσατο χλαμύδα κοκκίνην, ἐν δὲ τῷ κατὰ Ἰωάννην ὅτι πορφυροῦν ἐνεδύσατο, καὶ τοῦτο δὲ μυστικόν· Ματθαῖος διὰ τοῦ κοκκίνου τὴν κατὰ σάρκα οἰκονομίαν ἡρμήνευσεν, Ἰωάννης δὲ διὰ τῆς πορφύρας τὸ βασιλικὸν ἔδειξεν. οὐδεὶς γὰρ πορφύραν φορεῖ, εἰ μὴ μόνον βασιλεύς.

Καλῶς οὖν ὁ Φυσιολόγος ἔλεξε περὶ τῆς πυρροειδοῦς περιστερᾶς.

그리스도께서 오시기 이전에 아버지께서는 비둘기 같은 모든 이들을 생명으로 부르시기 위해 모세, 엘리야, 사무엘, 예레미야, 이사야, 에스겔, 다니엘과 기타 예언자들을 먼저 보내셨습니다. 그러나 그 누구도 사람들을 생명으로 이끌 수 없었습니다. 그러나 우리 주 예수 그리스도께서 하늘에서 아버지로부터 보내어지셨고, 당신의 피로써 모두를 생명으로 이끄셨습니다. 그가 말씀하셨습니다. "수고하고 무거운 짐진 모든 자들아, 내게로 오라. 내가 너희를 쉬게 하리라."

기생 라합은 붉은 표식을 믿고서 그의 생명이 구원받았으니, 그의 모든 가지적(可知的)인 씨앗과 그의 집안도 그러하였습니다. 솔로몬은 아가서에서 말합니다. "너의 입술은 붉은 실 같구나." 마리아는 실을 가져가 자주색 옷을 만들었으니, 이는 그가 이것을 하도록 맡겨졌기 때문입니다. 마태에 의하면 주님께서 십자가에 못 박히실 때, 실로 된 외투를 입으셨다고 기록되

---

135 아 4.3a: *ὡς σπαρτίον τὸ κόκκινον χείλη σου καὶ ἡ λαλιά σου.*

었고, 요한에 의하면 그분께서 자줏빛 외투를 입으셨다고 기록되었으니, 이는 신비로운 것입니다. 마태는 실을 통해 몸에 의한 경륜을 해석해냈고, 또한 요한은 자줏빛 외투를 통해 왕권을 보여주었으니, 이는 왕 외에 그 누구도 자줏빛 옷을 입지 못하기 때문입니다.

그러므로 피지올로구스는 붉은색 비둘기에 관하여 잘 말해주었습니다.

35-2. Περὶ τῶν αὐτῶν περιστερῶν

Ὁ Φυσιολόγος ἔλεξεν ὅτι ἐὰν πᾶσαι αἱ περιστεραὶ ὑφ' ἓν πετῶνται, οὐ τολμᾷ ὅλως ὀξύπτερος ἐγγίσαι τινὶ αὐτῶν διὰ τὸν σύμφωνον τῶν πτερῶν ἦχον· ἐπὰν δὲ μίαν ἀποπλανηθεῖσαν εὕρῃ, εὐκόλως ἁρπάσας κατεσθίει αὐτήν.

Τοῦτο δὲ ἐπὶ τοῦ τάγματος τῶν παρθένων λαμβάνεται· ὅτι ἐὰν ἀγεληδὸν ἐν τῇ Ἐκκλησίᾳ συνάγωνται, εὔηχον ὕμνον ἀναπέμπουσαι δι' εὐχῶν καὶ ψαλμῳδιῶν συμφώνως τῷ Θεῷ, καὶ ὁ ἀντικείμενος αὐτῶν διάβολος οὐ τολμᾷ ὅλως ἐγγίσαι τινὶ αὐτῶν, φοβούμενος τὴν μεγάλην εὐχὴν αὐτῶν καὶ ψαλμῳδίαν· ἐπὰν δὲ εὕρῃ μίαν ἀποπλανηθεῖσαν, εὐκόλως ἁρπάσας ἀποκτείνει αὐτήν. μὴ οὖν ἐγκαταλιμπανέτω τις, οὐ μόνον παρθένος, ἀλλὰ καὶ πᾶς χριστιανός, τὴν ἐπισυναγωγὴν τοῦ Θεοῦ, ἵνα μὴ ἅρπαγμα τοῦ πονηροῦ γένηται.

Gr35-2. 비둘기 무리에 관하여

피지올로구스가 말하기를, 모든 비둘기들이 하나 되어 날아갈 때, 다른 비둘기들과 함께 소리를 내기 때문에 매는 감히 이들 중 어떤 것에게도 가까워지지 않습니다. 그러나 하나가 낙오된 것을 발견하면, 매는 쉽게 낚아채서 그것을 잡아먹습니다.

이것은 처녀들의 무리에도 적용됩니다. 그들 무리가 교회에서 모일 때, 기도와 시를 듣기 좋은 찬양으로 한 목소리로 하나님께 올려드리기 때문에, 그들의 적대자인 악마는 감히 그들 중 누구에게도 다가갈 수 없으니, 이는 그가 그들의 큰 기도와 시를 두려워하기 때문입니다. 그러나 악마가 낙오된 한 사람을 발견한다면, 쉽게 낚아채서 그를 죽여버립니다. 그러므로 처녀든지 모든 그리스도인이든지 누구라도 하나님의 회중을 버리지 말아야 합니다. 이는 그가 악의 먹이가 되지 않도록 하기 위함입니다.

Gr35-3. Περὶ περιστερᾶς

Ὁ Κύριος πάλιν ἔφησε· "καὶ ἀκέραιοι ὡς αἱ περιστεραί."[136] ἐκεῖναι γὰρ τῶν νεοττῶν ἀποστερούμεναι, οὐ μνησικακοῦσι τοῖς ταῦτα ποιοῦσιν, ἀλλ' ἕτερον πάλιν ἐπινοοῦσι φωλεόν, ἵν' ἐκεῖσε νοσσεύσαντες, ἑτέρους πάλιν ἑαυταῖς ἐπινοήσωσι νεοττούς.

Οὕτω καὶ ἡμᾶς πρὸς πάντας ἀκάκους εἶναι παρασκευάζει, καὶ ἀποστερουμένους μὴ μνησικακεῖν μηδ' ἀπαμύνεσθαι, ἀλλὰ μετὰ χαρᾶς ἀποδέχεσθαι πάντα τὰ ἐπερχόμενα ἡμῖν.

Gr35-3. 비둘기에 관하여

또 주님께서 말씀하셨습니다. "비둘기처럼 순결하여라." 그들은 새끼들을 강탈당하여도, 그것을 행한 이들에게 악을 갚지 않고, 다른 둥지를 계획합니다. 이는 거기서 둥지를 트고 그들을 위해 새로운 새끼를 다시 낳을 생각을 하기 위함입니다.

이렇게 우리도 모든 면에서 선한 이들이 되고, 강탈당하여도 악을 갚지도

136　마 10.16: Ἰδοὺ ἐγὼ ἀποστέλλω ὑμᾶς ὡς πρόβατα ἐν μέσῳ λύκων· γίνεσθε οὖν φρόνιμοι ὡς οἱ ὄφεις *καὶ ἀκέραιοι ὡς αἱ περιστεραί.*

피하지도 않고, 오히려 기쁨으로 우리에게 다가오는 모든 것을 맞아들이도
록 준비해야 합니다.

,36. 영양

Gr36. Περὶ ὕδρωπος ζῴου

Ἔστι ζῷον λεγόμενον ὕδρωψ, δριμύτατον πάνυ, ὥστε κυνηγὸν μὴ δύνασθαι ἐγγίσαι αὐτῷ διὰ τὸ ἰσχύειν αὐτό· ἔχει δὲ πρὸς τῇ κεφαλῇ μακρὰ κέρατα, πρίονος μορφὴν ἔχοντα, ὥστε αὐτὸ πρίζειν τὰ μεγάλα δένδρα καὶ μετέωρα καὶ καταφέρειν ἐπὶ τὴν γῆν. ἐὰν δὲ διψήσῃ, ἔρχεται ἐπὶ τὸν Εὐφράτην ποταμόν, καὶ πίνει· εἰσὶ δὲ ἐκεῖ ἐρίκινα λεπτόκλονα, καὶ ἄρχεται παίζειν πρὸς τὴν ἐρίκην τὸ ζῷον [ἐν τοῖς κλάδοις αὐτοῦ] τοῖς κέρασι, καὶ περιπλακὲν κρατεῖται δῆθεν πρὸς τοὺς κλάδους τῆς ἐρικίνης, καὶ κράζει βοῶν, βουλόμενον ἐκφυγεῖν, καὶ οὐ δύναται· συμπλέκεται γάρ. ὁ οὖν κυνηγός, ἀκούων αὐτοῦ βοῶντος καὶ νοήσας ὅτι κρατεῖται, ἔρχεται καὶ σφάζει τὸ ζῷον.

Καὶ σὺ οὖν, πολιτευτά, ἔχων δύο κέρατα, παλαιὰν καὶ καινὴν διαθήκην, ἐν οἷς δύνῃ τοὺς ἐχθρούς σου κερατίζειν, πορνείαν, μοιχείαν, φιλαργυρίαν, ἀλαζονίαν, καὶ πάντα τὰ ὑλικὰ πάθη, μὴ αὐτοῖς συμπλακῇς, ἅ ἐστι δίκην ἐπέχοντα τῆς ἐρικίνης, καὶ ὁ πονηρὸς κυνηγὸς ἀναιρῇ σε.

Gr36. 영양이라는 동물에 관하여

영양이라고 불리는 동물이 있습니다. 영양은 매우 사납고 강력하기 때문에 사냥꾼이 가까이 갈 수 없습니다. 또한 영양은 머리에 긴 뿔을 가지고 있는데, 톱 모양을 하고 있어서, 크고 높은 나무를 썰어서 땅 위로 넘어뜨립니다. 영양이 목이 마르면, 유프라테스 강에 가서 마십니다. 그런데 거기에는 에리키네라는 잔가지가 많은 관목이 있는데, 그 동물은 에리키네에 대고 [그 잔가지 사이에서] 자신의 뿔로 놀기 시작합니다. 그러면 에리키네의 잔가지에 확실히 얽혀버려서 붙잡히게 되고, 풀려나기를 바라면서, 소리 내며 울부짖지만, 풀려나지 못합니다. 그가 얽혀버렸기 때문입니다. 그러면 사냥꾼은 영양이 울부짖는 소리를 듣고 붙잡혔다는 것을 알고서, 가서 그 동물을 죽여버립니다.

자유인이여, 따라서 그대도 두 뿔을 가졌는데, 곧 옛 언약과 새 언약이니, 이것들로 그대는 그대의 원수, 즉 간음, 간통, 물질욕, 허영, 그리고 모든 물질의 욕망을 대적할 수 있습니다. 그대는, 에리키네에 잡히게 되는 그러한 것들에 얽매이지 마십시오. 악한 사냥꾼이 그대를 죽이려들지 모릅니다.

37. 부싯돌

Gr37 Y3 B3

Gr37-1. Περὶ πυροβόλων λίθων

Εἰσὶ λίθοι, οἳ ὅταν ἐγγίσωσιν ἀλλήλοις, ἀναφθέντες ἐμπυρίζουσι πᾶν τὸ ἐμπῖπτον αὐτοῖς· φύσεως δέ εἰσι τοιαύτης τὸ ἄρρεν καὶ τὸ θῆλυ, μακρὰν δὲ διεστήκασιν ἀλλήλων.

Καὶ σὺ οὖν, γενναιότατε πολιτευτά, φεῦγε τὸ θῆλυ, ἵνα μὴ ἐγγίσας αὐτῷ ἀναφθῇς πρὸς ἡδονὴν καὶ καταφλέξῃς πᾶσαν τὴν ἐν σοὶ ἀρετήν. καὶ γὰρ Σαμψών, γυναικὶ προσεγγίσας, ἀπεκείρατο τὴν ἰσχύν, καὶ πολλοί, κατὰ τὸ γεγραμμένον, ἐπλανήθησαν ἐν κάλλει γυναικῶν.[137]

Gr37-1. 부싯돌에 관하여

서로 가까이 다가가면 불이 붙고 접촉한 모든 것을 태워버리는 돌이 있습니다. 본성 상 그것들은 숫돌과 암돌로 이루어져 있으며, 서로에게서 멀리 떨어져 있습니다.

그러므로 고귀한 자유인이여, 그대도 여자로부터 벗어나십시오. 이는 여자와 가까워져서 쾌감에 불이 붙어 그대 안의 모든 미덕을 태워버리지 않게

---

[137] 집회 9.8: ἀπόστρεψον ὀφθαλμὸν ἀπὸ γυναικὸς εὐμόρφου καὶ μὴ καταμάνθανε κάλλος ἀλλότριον *ἐν κάλλει γυναικὸς πολλοὶ ἐπλανήθησαν* καὶ ἐκ τούτου φιλία ὡς πῦρ ἀνακαίεται.

하려 함입니다. 기록에 따르면, 삼손도 여자에게 다가갔다가 강력함을 잃어버렸고, 또 많은 사람들이 여자의 아름다움에 방황하게 되었기 때문입니다.

Gr37-2. Περὶ λίθων πυροβόλων

Εἰσὶ λίθοι πυροβόλοι ἐν τῷ ἀνατολικῷ μέρει, ἄρρεν καὶ θῆλυ· ἐν ὅσῳ μακράν εἰσιν ἀπ' ἀλλήλων, οὐδαμοῦ πῦρ καίει, ἐὰν δὲ ἐγγίσῃ τὸ ἄρρεν τῷ θήλει, ἀνάπτεται πῦρ καὶ ἐμπυρίζει τὰ πάντα.

Ὦ γενναιότατε πολιτευτά, ἄγγελοι ἐν ζόφῳ εἰσὶ καὶ ταρτάρῳ ἕνεκεν γυναικῶν. Σαμψὼν καὶ Σολομὼν καὶ Ἰωσὴφ οἱ δίκαιοι εἰς πειρατήρια ἐνέπεσαν, καὶ πολλοί, κατὰ τὸ γεγραμμένον, ἐπλανήθησαν ἐν κάλλει [καὶ εὐμορφίᾳ τῆς] γυναικός.[138]

Gr37-2. 부싯돌에 관하여

동방에는 부싯돌이 있는데, 숫돌과 암돌로 이루어져 있습니다. 그것들이 서로에게서 멀리 떨어져 있는 동안, 불은 일어나지 않습니다. 하지만 숫돌이 암돌과 가까워지면, 불이 일어나서 모든 것을 태워버립니다.

오 고귀한 자유인이여, 천사들이 여자 때문에 어둠과 타르타로스[139]에 있습니다. 기록에 따르면, 의인인 삼손과 솔로몬과 요셉은 유혹에 들었고, 많은 사람들이 여자의 아름다움과 미모 때문에 방황하게 되었습니다.

---

138 집회 9.8: 상동.

139 그리스 신화에서 지하세계의 신 또는 그 공간을 가리킨다. 베드로후서 2장 4절에서 '어두운 구덩이'라고 번역되었다. 칠십인역(LXX)에서도 여러 번 언급되었다(잠언 30장 16절, 욥기 40장 20절과 41장 24절).

38. 자석

Gr38 Y46

Gr38. Περὶ λίθου μαγνήτου

Ὁ Φυσιολόγος ἔλεξε περὶ τοῦ μαγνήτου λίθου ὅτι ἀνακρεμάζει τὸν σίδηρον· κολλήσας τὸν σίδηρον τῷ λίθῳ, ἀνακρεμάζει αὐτόν.

Εἰ οὖν τὰ κτίσματα ἀνακρεμάζει ἄλληλα, πόσῳ μᾶλλον ὁ κτίστης τῶν ἁπάντων καὶ δημιουργὸς Θεός, ἀνακρεμάσας τὸν οὐρανὸν ἀπὸ τῆς γῆς καὶ ἐκτείνας αὐτὸν ὡσεὶ δέρριν;

Καλῶς οὖν ὁ Φυσιολόγος ἔλεξε περὶ τοῦ μαγνήτου λίθου.

Gr38. 자석에 관하여

피지올로구스가 자석에 관하여 말하기를, 그것은 쇠를 끌어당깁니다. 쇠가 돌에 붙으면, 그것을 매답니다.

그러므로 피조물이 서로를 매단다면, 그 모든 것들의 창조자이시며 조물주 하나님께서는 얼마나 더, 땅으로부터 하늘을 매다시고 휘장처럼 하늘을 펼치시겠습니까?

그러므로 피지올로구스는 자석에 관하여 잘 설명해 주었습니다.

39. 톱상어

Gr39 Y4 B4 C26

Gr39. Περὶ κήτους καλουμένου πρίονος

Ἔστι ζῷον ἐν τῇ θαλάσσῃ πρίων λεγόμενον, πτέρυγας ἔχον μακράς, καὶ ἐὰν ἴδῃ πλοῖα ἀρμενίζοντα, καὶ αὐτὸ μιμεῖται αὐτά, καὶ ὑψοῖ τὰς πτέρυγας αὐτοῦ, καὶ ἀρμενίζει, ἐρίζον τοῖς πλοίοις τοῖς ἀρμενίζουσιν· ἐὰν δὲ ποιήσῃ σταδίους τριάκοντα ἢ τεσσαράκοντα, κοπιᾷ, καὶ τὰς πτέρυγας εἰς ἑαυτὸ ἕλκει κοπιάσας, καὶ τὰ κύματα αὐτὸ φέρει εἰς τὸν παλαιὸν αὐτοῦ τόπον.

Λαμβάνεται οὖν ἡ θάλασσα ἐπὶ τὸν κόσμον, καὶ τὰ πλοῖα εἰς πρόσωπον τῶν ἀποστόλων καὶ μαρτύρων, οἵτινες, διαπεράσαντες δίκην θαλάσσης, καταντλούμενοι τοῖς κύμασι, τουτέστι ταῖς τοῦ βίου πραγματείαις καὶ

τρικυμίαις, ἔφθασαν εἰς εὔδιον λιμένα, εἰς τὴν τῶν οὐρανῶν βασιλείαν·
τὸ ζῶον δὲ τοῦτο παρείκασται εἰς τοὺς ἐναρξαμένους τῆς πολιτείας τῆς
ἀσκήσεως, καὶ παλινδρομήσαντας ἐπὶ τὴν προτέραν ἀναστροφὴν τοῦ
κόσμου, καθὰ καὶ τοῦτο τὸ ζῶον μὴ δυνάμενον συναρμενίζειν ἀπέμεινε.
Καλῶς οὖν ὁ Φυσιολόγος ἔλεξε περὶ τοῦ πρίονος.

Gr39. 톱상어라고 불리는 고래(바다 괴물)에 관하여

바다에는 톱상어라고 불리는 동물이 있는데, 긴 날개(지느러미)를 가졌습니
다. 이 동물은 배가 항해하는 것을 보면, 배를 모방해서, 자신의 날개를 들
어올리고, 항해하는 배와 겨루며 항해합니다. 그러나 톱상어가 30이나 40
스타디온[140] 정도를 가면, 지쳐서 날개를 자기에게로 끌어내리는데, 그러면
파도가 그것을 원래 있던 곳으로 데려갑니다.

그러므로 바다란 세상에 해당하며, 배란 사도들과 증인들의 성품과 관련되
는 것이니, 그들은 이생의 생활과 3중의 파도들에 의해 잠겼을지라도 바다
와 같은 것을 건너간 후, 마침내 평온한 항구 즉 하늘 나라에 도달합니다.
이 동물은 자유인이 되는 수행을 시작하였으나 세상의 예전 행실로 되돌아
가 버린 자들과 같은데, 마치 이 동물이 배와 함께 항해하지 못하고 남겨진
것과 같습니다.

그러므로 피지올로구스는 톱에 관하여 잘 설명해 주었습니다.

Τὴν θάλασσαν νόει τὸν κόσμον, τὰ πλοῖα τοὺς ἁγίους ἀποστόλους, τοὺς
περάσαντας τὸν αἰῶνα τοῦτον καὶ τὰς ἀντικειμένας δυνάμεις· ὁ δὲ πρίων
ὁ μὴ ὑπομείνας ἀρμενίζειν μετὰ τῶν πλοίων ἐπὶ τοὺς πρὸς χρόνον

---

140   고대 그리스의 거리 단위로 약 185m 정도이다.

πολιτευσαμένους καὶ μὴ ὑπομείναντας εἰς τέλος. ἐναρξάμενοι γὰρ ἔργων ἀγαθῶν, εἰς τέλος οὐκ ὑπέμειναν ἔνεκεν φιλαργυρίας, ἢ ἀλαζονίας, ἢ μοιχείας, ἢ αἰσχροκερδείας, ἢ πορνείας, ἢ μίσους, καὶ τὰ κύματα τῆς θαλάσσης, τουτέστιν αἱ ἀντικείμεναι δυνάμεις, καταφέρουσιν αὐτὸν εἰςτὸν Ἅιδην.

Ὥσπερ δὴ ὁ πρίων μιμεῖται τὰ πλοῖα, οὕτω δὴ καὶ οἱ ἄνθρωποι ἀκολουθοῦντες τὴν ἀρετὴν εἰς τὸ ἐκπερᾶσαι ἐκ τοῦ ἁλμυροῦ τούτου βίου. τοῦτο γὰρ ἡ θάλασσα, εἶτα ἀπατηθέντες καὶ μὴ ὑπομείναντες εἰς τέλος, ἤγουν ἐκ τῶν πονηρῶν ἔργων, δηλονότι τῶν κυμάτων τῶν τῆς θαλάσσης, καταφέρονται πάλιν εἰς αἰωνίους βασάνους. "ὁ γὰρ ὑπομείνας εἰς τέλος, φησίν, οὗτος σωθήσεται."[141]

바다는 세상을 의미하며, 배는 거룩한 사도들, 즉 이 세상과 대적하는 권세들을 뚫고 나아갔던 자들을 의미합니다. 그러나 톱상어는 배와 함께 항해하기를 지속하지 못하고 잠시동안은 덕스러워보일지라도 끝까지 인내하지 못한 이들을 의미합니다. 그들은 선한 행실을 시작하였을지라도, 물욕, 기만, 간통, 탐욕, 간음, 증오 때문에 마지막까지 인내하지 못했고, 대적하는 권세인 바다의 파도는 그를 지옥으로 끌고 내려갑니다.

톱상어가 배를 모방하듯, 사람들도 이생이라는 바다의 쓰라림으로부터 빠져나가기 위해 미덕을 따르지만, 곧 그들은 기만당하고 마지막까지 인내하지 못합니다. 다시 말하자면 그들은 바다의 파도, 즉 악한 행실로 인하여 영원한 고통으로 다시 끌려 내려옵니다. 성경은 말합니다. "마지막까지 견디는 자는 구원을 얻으리라."

---

141 마 10.22: καὶ ἔσεσθε μισούμενοι ὑπὸ πάντων διὰ τὸ ὄνομά μου· *ὁ δὲ ὑπομείνας εἰς τέλος οὗτος σωθήσεται.*

40. 따오기

Gr40 Y17 B14

Gr40. Περὶ ἴβεως

Ἀκάθαρτός ἐστι κατὰ τὸν Νόμον ἡ ἴβις. κολυμβᾶν οὐκ οἶδε, ἀλλὰ παρὰ τὰ χείλη τῶν ποταμῶν καὶ τῶν λιμνῶν νέμεται, καὶ οὐ δύναται εἰσελθεῖν εἰς τὰ βάθη, ὅπου οἱ καθαροὶ ἰχθύες νήχονται, ἀλλ' ὅπου τὰ ἀκάθαρτα ἰχθύδια αὐλίζονται.

Μάθε οὖν καὶ σὺ νοερῶς κολυμβᾶν, ἵνα ἔλθῃς ἐπὶ τὸν νοερὸν βαθὺν ποταμόν, εἰς βάθος πλούτου καὶ σοφίας καὶ γνώσεως Θεοῦ.[142] εἰ μὴ γὰρ τὰς δύο χεῖρας ἐκτενεῖς καὶ ποιήσεις τὸ σημεῖον τοῦ σταυροῦ, οὐ δυνήσει περᾶσαι τὴν τοῦ βίου θάλασσαν. ὁ γὰρ τύπος τοῦ σταυροῦ ἐπὶ πάντα τὰ κτίσματα συντείνει· ὁ ἥλιος, ἐὰν μὴ ἐκτείνῃ αὐτοῦ τὰς ἀκτῖνας, οὐ δύναται λάμψαι· ἡ σελήνη, ἐὰν μὴ ἐκτείνῃ αὐτῆς τὸ δικέρατον, οὐ λάμπει· πετεινόν, ἐὰν μὴ ἐκτείνῃ αὐτοῦ τὰς πτέρυγας, οὐχ ἵπταται. Μωϋσῆς, ἐκτείνας τὰς χεῖρας, ἀνεῖλε τὸν Ἀμαλήκ, Δανιὴλ τοὺς λέοντας. Ἰωνᾶς ἐν τῇ κοιλίᾳ τοῦ κήτους, Θέκλα ἐν πυρὶ καὶ θηρίοις καὶ φώκαις ἐβλήθη, καὶ ὁ τύπος τοῦ σταυροῦ αὐτὴν διέσωσε. Σωσάννα ἐκ τῶν

---

142 롬 11.33: **Ὦ βάθος πλούτου καὶ σοφίας καὶ γνώσεως θεοῦ·** ὡς ἀνεξεραύνητα τὰ κρίματα αὐτοῦ καὶ ἀνεξιχνίαστοι αἱ ὁδοὶ αὐτοῦ.

πρεσβυτέρων, Ἰουδὴθ ἐκ τοῦ Ὀλοφέρνου καὶ Ἐσθὴρ ἐκ τοῦ Ἀρταξέρξου, καὶ οἱ τρεῖς παῖδες ἐν τῇ καμίνῳ τοῦ πυρὸς ἐν τῇ πίστει διεσώθησαν, καὶ τὸ χεῖρον πάντων ἶβις. τὰ δὲ γεννήματα τῶν ἁμαρτωλῶν ἁμαρτίαι εἰσίν.

Gr40. 따오기에 관하여

율법에 의하면 따오기는 부정합니다.[143] 따오기는 잠수를 하지 못하며, 강가나 호숫가에 머무르는데, 정결한 물고기들이 헤엄치는 깊은 곳으로 들어가지 못하고, 부정한 작은 물고기들이 사는 곳에만 갑니다.

그러므로 그대도 가지적(可知的)으로 잠수하는 법을 배우십시오, 이는 "하나님의 지혜와 지식의 깊고 풍성한" 가지적(可知的)인 강으로 나아가기 위함입니다. 두 손을 펼쳐서 십자가 표식을 하지 않으면, 그대는 인생의 바다를 건너갈 수 없습니다. 왜냐하면 십자가의 형상이 모든 피조물에 드러나기 때문인데, 태양은 자기의 광선을 뻗치지 않으면 빛날 수 없고, 달은 자기의 두 뿔[144]을 뻗치지 않으면 빛나지 못하며, 새는 자기의 날개를 펼치지 않으면 날 수 없습니다. 모세는 손을 뻗어서 아말렉을 무찔렀고, 다니엘은 사자들을 물리쳤습니다. 요나는 고래의 뱃속에, 테클라는 불과 짐승들과 물범들 속에 던져졌지만,[145] 십자가의 형상이 그를 구원하였습니다. 수산나는 노인들로부터,[146] 유딧은 홀로페르네스로부터,[147] 에스더는 아르타크세르크세스(아하수에로)로부터, 그리고 세 젊은이들은 불가마 속에서 믿음으로 구원받았습니다. 이들 모두보다 더 악한 것은 따오기입니다. 죄인의 소산은 죄뿐입니다.

---

143 레위기 11장 17절 참조.

144 초승달의 양쪽 끝 부분을 말한다.

145 바울-테클라 행전 33-34장. 바울-테클라 행전에 관해서는 각주 68번 참조.

146 각주 67번 참조.

147 각주 66번 참조.

41. 노루

Gr41 Y21 B20

Gr41. Περὶ δόρκωνος

Ἔστι ζῷον ἐν τῷ ὄρει λεγόμενον δόρκων. ὁ Φυσιολόγος ἔλεξε περὶ αὐτοῦ ὅτι ἀγαπᾷ πάνυ τὰ ὑψηλὰ ὄρη, τὴν δὲ τροφὴν εὑρίσκει ἐπὶ τὰ πεδινὰ τῶν ὀρέων, καὶ θεωρεῖ ἀπὸ μακρόθεν πάντας τοὺς προσερχομένους πρὸς αὐτόν, καὶ γινώσκει εἰ μετὰ δόλου ἔρχονται, ἢ μετὰ φιλίας.

Ἔστιν οὖν τύπος τῆς τοῦ Θεοῦ σοφίας. αὕτη οὖν ἐστιν ἡ ἀγαπῶσα τοὺς προφήτας, τουτέστι τὰ ὑψηλὰ ὄρη, ὡς εἶπεν· "ἰδοὺ ὁ ἀδελφιδός μου ἅλλεται ἐπὶ τῶν ὀρέων, πηδῶν ἐπὶ τῶν βουνῶν."[148] τὰ ὄρη λαμβάνεται ἐπὶ τοὺς προφήτας, οἱ βουνοὶ ἐπὶ τοὺς ἀποστόλους. ἐπειδὴ οὖν ὀξύδορκός

148　아 2.8: **φωνὴ ἀδελφιδοῦ μου ἰδοὺ οὗτος ἥκει πηδῶν ἐπὶ τὰ ὄρη διαλλόμενος ἐπὶ τοὺς βουνούς.**

ἐστιν ὁ δόρκων, σημαίνει ὅτι ὁ Σωτὴρ βλέπει πάντα τὰ πραττόμενα·
Θεὸς γὰρ κέκληται διὰ τὸ αὐτὸν θεωρεῖν τὰ ἔργα ἡμῶν, καὶ τοὺς
μακρόθεν ἐρχομένους πρὸς αὐτὸν μετὰ δόλου γινώσκει, ὡς ἔγνω τὸν
Ἰούδαν, τὸν φιλήματι αὐτὸν παραδόντα. ἔφη δὲ καὶ ὁ Δαυίδ· "ἔγνω
Κύριος τοὺς ὄντας αὐτοῦ,"[149] εἶπε δὲ καὶ ὁ Ἰωάννης· "ἴδε ὁ ἀμνὸς τοῦ
Θεοῦ, ὁ αἴρων τὴν ἁμαρτίαν τοῦ κόσμου."[150]

Gr41. 노루에 관하여

산에는 노루라고 불리는 동물이 있습니다. 피지올로구스가 노루에 관하여
말하기를, 노루는 높은 산을 매우 사랑하며, 산의 벌판에서 먹이를 찾는다
고 합니다. 그리고 노루는 멀리서 자기에게 다가오는 모든 사람을 보고서,
그들이 간계를 가지고 오는지, 아니면 호의를 가지고 오는지를 압니다.
그러므로 이는 하나님의 지혜의 모형입니다. 이 지혜란 예언자들, 즉 높은
산들을 사랑합니다. 이렇게 말한 것처럼 말입니다. "보라 내 친척이 산에서
뛰고 언덕을 넘어오는구나." 산은 예언자들을 의미하고, 언덕은 사도들을
의미합니다. 노루가 시야가 밝은 것은 구원자께서 모든 행실을 보신다는
것을 보여줍니다. 그분께서 하나님이라 불리는 것은 그분께서 우리의 행위
를 바라보시기 때문입니다.[151] 멀리서 속임수를 가지고 자기에게 오는 사람
들을 안다는 것은, 입맞춤으로 그분을 넘겨준 유다를 그분께서 아셨던 것
과 같습니다. 다윗도 말하였습니다. "주께서 자기 백성을 아신다." 또한 요
한도 말했습니다. "보라 세상 죄를 지고 가는 하나님의 어린 양이로다."

---

149 딤후 2.19b: *ἔγνω κύριος τοὺς ὄντας αὐτοῦ*, καί· ἀποστήτω ἀπὸ ἀδικίας πᾶς ὁ ὀνομάζων τὸ ὄνομα
κυρίου.

150 요 1.29: Τῇ ἐπαύριον βλέπει τὸν Ἰησοῦν ἐρχόμενον πρὸς αὐτὸν καὶ λέγει· *ἴδε ὁ ἀμνὸς τοῦ θεοῦ ὁ
αἴρων τὴν ἁμαρτίαν τοῦ κόσμου*.

151 하나님을 의미하는 그리스어 단어 θεός가 보는 것을 의미하는 θεωρεῖν에서 파생된 말로 이해한 것이다.

Gr42. Περὶ ἀδαμαντίνου λίθου ἰσχυροῦ

Ἔστιν ἄλλη φύσις ἀδαμαντίνου λίθου ἰσχυροῦ· οὗτος γὰρ οὔτε σίδηρον φοβεῖται τυπτόμενος, οὔτε πῦρ φοβεῖται καιόμενος, οὔτε ὀσμὴν καπνοῦ λαμβάνει. ἐὰν δὲ ἐν οἴκῳ εὑρεθῇ, οὔτε δαίμων ἐκεῖ εἰσέρχεται οὔτε τί ποτε κακὸν εὑρίσκεται, ὁ δὲ κρατῶν αὐτὸν ἄνθρωπος νικᾷ πᾶσαν διαβολικὴν ἐνέργειαν.

Ὁ ἀδαμάντινός ἐστιν ὁ Κύριος ἡμῶν Ἰησοῦς Χριστός· ἐὰν οὖν ἔχῃς αὐτὸν ἐν τῇ καρδίᾳ σου, ὦ ἄνθρωπε, οὐδέν σοι κακὸν ἀπαντήσει ποτέ.

Gr42. 강력한 금강석에 관하여

강력한 금강석의 다른 특징이 있습니다. 이 돌은 맞을지라도 철을 두려워하지 않으며, 불에 탈지라도 불을 두려워하지 않으며, 연기의 냄새를 흡수하지도 않습니다. 이것이 집 안에 있으면, 악령도 거기에 들어오지 않고 악한 어떤 것도 발견되지 않으며, 그것을 지닌 사람은 모든 악마의 힘에 대해 승리합니다.

금강석은 우리 주 예수 그리스도이십니다. 오 사람이여, 그러므로 그분을 그대의 마음에 모시면, 어떤 악도 그대에게 닥치지 않을 것입니다.

43. 코끼리

Gr43 Y20 B33 C27 C28

Gr43. Περὶ ἐλέφαντος

Ἔστι ζῷον ἐν τῷ ὄρει λεγόμενον ἐλέφας, [καὶ ἄλλο γεργελέφας]. ἐν τούτῳ τῷ ζῴῳ οὐκ ἔστι συνουσίας ἐπιθυμία· ἐὰν οὖν θέλῃ τεκνοποιῆσαι, ὑπάγει εἰς τὴν ἀνατολήν, πλησίον τοῦ παραδείσου. ἔστι δὲ ἐκεῖ δένδρον μανδραγόρα λεγόμενον· ἀπέρχεται οὖν ἐκεῖ ἡ θήλεια καὶ ὁ ἄρρην, καὶ ἡ θήλεια, μεταλαβοῦσα πρώτη ἀπὸ τοῦ δένδρου, παρέχει καὶ τῷ αὐτῆς ἄρρενι καὶ προσπαίζει αὐτῷ, ἕως οὗ καὶ αὐτὸς μεταλάβῃ, καὶ φαγὼν ὁ ἄρρην, συγγίνεται τῇ θηλείᾳ καὶ εὐθέως ἐν γαστρὶ λαμβάνει. ἐὰν οὖν ὁ καιρὸς γένηται τοῦ τεκεῖν αὐτήν, ἔρχεται ἐπὶ λίμνην ὕδατος καὶ ἐμβαίνει ἔσωθεν, ἕως οὗ ἔλθῃ τὸ ὕδωρ ἐπὶ τῶν μαζῶν αὐτῆς, καὶ οὕτω λοιπὸν ἀποκύει τὸ τέκνον αὐτῆς ἐπὶ τοῦ ὕδατος, καὶ ἔρχεται ἐπὶ τοὺς μηροὺς αὐτῆς, καὶ θηλάζει τὸν μαζὸν τῆς μητρὸς αὐτοῦ. Ὁ δὲ ἐλέφας φυλάσσει αὐτὴν ὠδίνουσαν διὰ τὸν ὄφιν, ἐπειδὴ ἐχθρός ἐστιν ὁ ὄφις τοῦ ἐλέφαντος, καὶ ἐὰν εὕρῃ αὐτὸν ὁ ἐλέφας, καταπατεῖ καὶ ἀποκτείνει αὐτόν.

Gr43. 코끼리에 관하여

산에는 '엘레파스'(코끼리)라고 불리는 동물이 있는데, [다르게는 '게르겔레파스'라고도 합니다.] 이 동물에게는 교미에 대한 욕구가 없습니다. 그런데 그것이 출산하기를 원한다면, 낙원과 가까운 동방으로 떠납니다. 그곳에는 '만드라고라(맨드레이크)'라고 불리는 나무가 있는데, 암컷과 수컷이 거기로 가고, 암컷이 먼저 그 나무의 열매를 따서, 수컷이 받을 때까지, 수컷에게 가져가서 권합니다. 그리고 수컷이 먹으면, 그것은 암컷과 교미하고, 즉시 임신합니다. 암컷은 출산할 때가 되면, 물웅덩이로 가서 물이 자기의 젖에 닿을 때까지 안으로 들어갑니다. 그리고 이렇게 물에다 새끼를 낳으면, 새끼는 어미의 허벅지로 올라가, 어미의 젖을 먹습니다. 그런데 수컷 코끼리는 산고 중에 있는 암컷을 뱀에게서 지키는데, 뱀이 코끼리에게 적대적이기 때문입니다. 그래서 코끼리는 뱀을 찾으면, 짓밟아 죽여버립니다.

Ἡ δὲ φύσις τοῦ ἐλέφαντος τοιαύτη ἐστίν· ἐὰν πέσῃ, οὐ δύναται ἀναστῆναι· οὐκ ἔχει γὰρ ἁρμογὰς εἰς τὰ γόνατα αὐτοῦ ὡς καὶ τῶν λοιπῶν ζῴων. πῶς δὲ καὶ πίπτει; ἐὰν θέλῃ ὑπνῶσαι, ἐπὶ δένδρου ἑαυτὸν ἀνακλίνει καὶ κοιμᾶται· οἱ οὖν κυνηγοί, εἰδότες τὴν τοῦ ἐλέφαντος φύσιν, ὑπάγουσι καὶ πρίζουσι τὸ δένδρον παρολίγον. ἔρχεται οὖν ἀνακλῖναι ἑαυτὸν ὁ ἐλέφας, καὶ ἅμα τῷ δένδρῳ συμπίπτει, καὶ ἄρχεται βοᾶν κλαίων, καὶ ἀκούει ἄλλος ἐλέφας, καὶ ἔρχεται βοηθῆσαι αὐτῷ, καὶ οὐ δύναται ἐγεῖραι αὐτόν· βοῶσι δὲ οἱ δύο, καὶ ἔρχονται δώδεκα ἐλέφαντες, καὶ οὐδὲ αὐτοὶ δύνανται τὸν πεπτωκότα ἐγεῖραι· εἶτα οἱ πάντες βοῶσιν· ὕστερον δὲ πάντων ἔρχεται μικρὸς ἐλέφας, καὶ ὑποτίθησι τὴν προμοσχίδα αὐτοῦ ὑποκάτω τοῦ ἐλέφαντος, καὶ ἐγείρει αὐτόν. Ἡ δὲ φύσις τοῦ μικροῦ ἐλέφαντος τοιαύτη ἐστίν· ἐὰν θυμιάσῃς αὐτοῦ τρίχας ἢ ὀστέα ἔν τινι τόπῳ, οὔτε δαίμων, οὔτε δράκων, οὔτε τίποτε κακὸν ἐκεῖ εἰσέρχεται.

또한 코끼리의 특성은 이러합니다. 만약 코끼리가 넘어지면, 일어나지 못합니다. 다른 동물과 마찬가지로 코끼리의 무릎에 관절이 없기 때문입니다. 그러면 코끼리는 어떻게 넘어지는 것일까요? 코끼리는 자고 싶으면, 나무에 기대어 잡니다. 그러면 사냥꾼들이 코끼리의 특성을 알고서, 가서 약간 자란 나무를 베어버립니다. 그리고 코끼리는 자려고 기대러 가서, 나무와 함께 넘어져버리고, 소리를 질러대기 시작합니다. 그러면 다른 코끼리가 그걸 듣고, 그를 도우려고 오지만, 그를 일으키지 못합니다. 그리고 둘이서 외치면, 열 두 코끼리가 오는데, 그들도 넘어진 코끼리를 일으키지 못합니다. 이러면 모든 코끼리가 외치는데, 결국 마지막에 작은 코끼리가 와서는, 자기의 코를 그 코끼리의 아래에 둔 후, 일으킵니다. 작은 코끼리의 특성은 이러합니다. 그것의 털이나 뼈를 어떤 곳에서 태우면, 악령이나, 용(큰 뱀)이나, 악한 어떤 것도 거기에 들어오지 못합니다.

Εἰς πρόσωπον οὖν τοῦ Ἀδὰμ καὶ τῆς Εὔας λαμβάνονται ὁ ἐλέφας καὶ ἡ γυνὴ αὐτοῦ· ἡνίκα ἦσαν ἐν τῇ τρυφῇ τοῦ παραδείσου πρὸ τῆς παραβάσεως, οὐκ ᾔδεισαν τότε συνουσίαν, ἀλλ' οὐδὲ νόησιν μίξεως εἶχον. ἀλλ' ὅτε ἡ γυνὴ ἔφαγεν ἀπὸ τοῦ ξύλου, τουτέστι τῶν νοερῶν

μανδραγόρων, καὶ ἔδωκε καὶ τῷ ἀνδρὶ αὐτῆς, τότε ἔγνω τὴν γυναῖκα ὁ Ἀδάμ, καὶ ἔτεκε τὸν Κάϊν ἐπὶ τὰ ψεκτὰ ὕδατα, ὡς εἶπεν ὁ Δαυίδ· "σῶσόν με ὁ Θεός, ὅτι εἰσήλθοσαν ὕδατα ἕως ψυχῆς μου."[152] ἦλθεν οὖν ὁ μέγας ἐλέφας, τουτέστιν ὁ Νόμος, καὶ οὐκ ἠδυνήθη αὐτὸν ἐγεῖραι· εἶτα ἦλθον οἱ δώδεκα ἐλέφαντες, τουτέστιν ὁ χορὸς τῶν προφητῶν, καὶ οὐδὲ αὐτοὶ ἠδυνήθησαν ἐγεῖραι τὸν πεπτωκότα· ὕστερον δὲ πάντων ἦλθεν ὁ νοερὸς καὶ ἅγιος ἐλέφας, ὁ Κύριος ἡμῶν Ἰησοῦς Χριστός, καὶ ἤγειρε τὸν ἄνθρωπον ἀπὸ τῆς γῆς. ὁ ὢν μειζότερος πάντων, ἤτοι ὁ Χριστὸς καὶ νέος Ἀδάμ, ἐγένετο πάντων δοῦλος· ἐταπείνωσε γὰρ ἑαυτόν, μορφὴν δούλου λαβών, [γενόμενος ὅμοιος αὐτῶν,] ἵνα πάντας σώσῃ.
Καλῶς ὁ Φυσιολόγος ἔλεξε περὶ τοῦ ἐλέφαντος.

그러므로 코끼리와 그것의 짝은 아담과 하와의 모습을 가지고 있습니다. 반역 이전에 낙원의 삶을 살던 때에, 그들은 성교를 알지 못했고, 서로 섞이는 것을 알지 못했습니다. 그러나 여자가 나무의 열매, 즉 가지적(可知的)인 만드라고라를 먹었을 때, 그의 남편에게 그것을 주었습니다. 그때 아담은 여자를 알게 되었고, 여자는 악한 물에서 가인을 낳았습니다.[153] 다윗이 말한대로입니다. "하나님이여, 나를 구하소서. 물이 내 생명까지 흘러 들어왔습니다." 그러므로 큰 코끼리, 즉 율법이 왔으나, 그를 일으키지 못했고, 이후 열 두 코끼리, 즉 예언자들의 무리가 왔지만, 그들도 넘어진 이를 일으키지 못했습니다. 결국 마지막에 가지적(可知的)이고 거룩한 코끼리, 곧 우리 주 예수 그리스도께서 오셔서, 땅에서 사람을 일으키셨습니다. 그는

---

152 시 69.1(LXX 68.2): *σῶσόν με ὁ θεός ὅτι εἰσήλθοσαν ὕδατα ἕως ψυχῆς μου*.

153 '악한 물에서 가인을 나았다'는 말은 코끼리가 뱀 때문에 물웅덩이의 물에서 새끼는 낳는 것과 같이, 아담과 하와도 마귀(뱀)으로 인해 낙원에서 쫓겨나 낙원 밖 세상에서 가인을 낳았다는 의미이다.

그리스도이시며 새로운 아담이신 바, 모든 이들보다 더 크신 분이시지만, 모두의 종이 되셨습니다. 그분께서 자신을 낮추시어, 종의 모습을 가지셨고, [그들과 같아지셨으니,] 이는 모두를 구원하시기 위함입니다.

그러므로 피지올로구스는 코끼리에 관하여 잘 설명해 주었습니다.

44. 마노석과 진주

Gr44-1. Περὶ ἀχάτου καὶ μαργαρίτου

Ὅταν οἱ τεχνῖται ζητῶσι τὸν μαργαρίτην, δι' ἀχάτου αὐτὸν εὑρίσκουσι. δεσμεύουσι γὰρ τὸν ἀχάτην σπαρτίῳ στερεῷ, καὶ χαλῶσιν αὐτὸν εἰς τὴν θάλασσαν· ἔρχεται οὖν ὁ ἀχάτης ἐπὶ τὸν μαργαρίτην, καὶ στήκει ἐκεῖ, καὶ οὐ σαλεύεται, καὶ εὐθέως νοοῦσιν οἱ δύται τὸν τόπον τοῦ ἀχάτου, καὶ ἀκολουθοῦντες τῷ σπαρτίῳ, εὑρίσκουσι τὸν μαργαρίτην.

Πῶς δὲ καὶ γεννᾶται ὁ μαργαρίτης; ἄκουσον· ἔστι κόγχος ἐν τῇ θαλάσσῃ, λεγόμενος ὄστρεος, ἀνέρχεται δὲ ἀπὸ τῆς θαλάσσης ἐν ταῖς ἑωθιναῖς ὥραις ὄρθρου, καὶ ἀνοίγων ὁ κόγχος τὸ στόμα αὐτοῦ, καὶ καταπίνων τὴν οὐράνιον δρόσον καὶ τὴν ἀκτῖνα τοῦ ἡλίου καὶ τῆς σελήνης καὶ τῶν ἄστρων, ποιεῖ τὸν μαργαρίτην ἐκ τῶν ἄνω φωστήρων. ὁ δὲ κόγχος ἔχει πτέρυγας δύο, ὅπου εὑρίσκεται ὁ μαργαρίτης.

Ὁ ἀχάτης οὖν ἐπὶ τὸν Ἰωάννην νοεῖται· αὐτὸς γὰρ ἔδειξεν ἡμῖν τὸν νοερὸν μαργαρίτην, λέγων· "ἴδε ὁ ἀμνὸς τοῦ Θεοῦ, ὁ αἴρων τὴν ἁμαρτίαν τοῦ κόσμου."[154] λαμβάνεται οὖν ἡ θάλασσα ἐπὶ τὸν κόσμον, καὶ οἱ δύται

---

154   요 1.29: Τῇ ἐπαύριον βλέπει τὸν Ἰησοῦν ἐρχόμενον πρὸς αὐτὸν καὶ λέγει· **ἴδε ὁ ἀμνὸς τοῦ θεοῦ ὁ αἴρων τὴν ἁμαρτίαν τοῦ κόσμου**.

ἐπὶ τὸν χορὸν τῶν προφητῶν· αἱ δὲ δύο τοῦ κόγχου πτέρυγες ἐπὶ τὴν παλαιὰν καὶ καινὴν διαθήκην.

Ὁμοίως καὶ ὁ ἥλιος καὶ ἡ σελήνη καὶ τὰ ἄστρα καὶ ἡ δρόσος ἐπὶ τοῦ Πνεύματος τοῦ ἁγίου, τοῦ ἐπιφοιτοῦντος ἐν ταῖς διαθήκαις, ὁ μαργαρίτης ἐπὶ τοῦ Σωτῆρος ἡμῶν Ἰησοῦ Χριστοῦ· οὗτος γάρ ἐστιν ὁ τίμιος μαργαρίτης, ὃν λαβὼν ἄνθρωπος καὶ πωλήσας πάντα τὰ ὑπάρχοντα αὐτοῦ καὶ διδοὺς πτωχοῖς, κτᾶται τὸν τίμιον μαργαρίτην.

Gr44-1. 마노석과 진주에 관하여

기술자들이 진주를 찾을 때, 마노석을 통해 진주를 발견합니다. 기술자들은 마노석을 튼튼한 밧줄로 묶고 바다로 던집니다. 마노석이 진주에 다다르면 그곳에 멈춰서고 움직이지 않습니다. 그러면 즉시 잠수부들이 마노석의 위치를 알고 밧줄을 따라가서 진주를 발견합니다.

진주는 어떻게 생길까요? 들어보십시오. 바다에는 굴[155]이라고 불리는 조개[156]가 있는데, 이것은 이른 동트기전 이른 아침에 바다에서 올라옵니다. 그리고는 자기의 입을 열고, 하늘의 이슬과 해와 달과 별의 빛을 삼켜서, 저 위의 있는 광명체로부터 진주를 만듭니다. 조개는 두 껍질을[157] 가지는데, 거기에서 진주가 발견됩니다.

그러므로 마노석은 요한이라고 가지적(可知的)으로 이해할 수 있습니다. 그가 이렇게 말하며 우리에게 가지적(可知的)인 진주를 보여줬기 때문입니다. "보라, 세상 죄를 지고 가는 하나님의 어린 양이로다." 따라서 바다는 세상

---

155 '굴'을 의미하는 그리스어 'ὄστρεος'(오스트레오스)는 라틴어 Y본에서는 'SOSTOROS'로 음역되어 있으며, 조개가 아니라 돌이라고 설명하고 있다.

156 '조개'을 의미하는 그리스어 'κόγχος'(콩코스)는 라틴어 Y본과 C본에서 'Conchos'로 음역되어 있으며, 조개가 아니라 물고기라고 설명하고 있다.

157 여기서 '껍질'로 번역된 그리스어 πτέρυγες는 원래 '날개'라는 의미이다.

으로, 잠수부들은 예언자들의 무리로 이해할 수 있습니다. 또한 조개의 두 껍질은 옛 언약과 새 언약으로 이해할 수 있습니다.

마찬가지로 해와 달과 별과 이슬은, 이 언약들 가운데서 나타나시는 성령이시라고 가지적(可知的)으로 이해할 수 있고, 진주는 우리 주 예수 그리스도이시라고 가지적(可知的)으로 이해할 수 있습니다. 그분은 값진 진주이시기 때문인데, 사람이 이 진주를 얻으면, 자기의 모든 소유를 팔아서 가난한 자에게 주고, 그 값진 진주를 얻습니다.

Gr44-2. Περὶ μαργαριτῶν

Ἐν δὲ τῇ Ἰνδίᾳ ἦν ἡ παροῦσα πῖνα φυτευτὴ ἐν τῷ βυθῷ τῆς θαλάσσης ὑστερουμέν<ῳ> γλυκαίων ὑδάτων· τὸν Δαιμάϊον μῆνα ὑδατοφορᾷ ἐν Ἰνδίᾳ, καὶ δεομένη ἡ πῖνα γλυκαίου ὕδατος, ἐξέρχεται ἄνω τῆς θαλάσσης, καὶ βροντᾷ καὶ ἀστράπτει καὶ βρέχει, καὶ ἡ πῖνα δέχεται τὴν βοὴν τῆς βροντῆς καὶ τὸ πῦρ τὸ φλογίζον τῆς ἀστραπῆς καὶ τὴν στάξιν τοῦ ὕδατος, εὐθὺς δὲ πάλιν πορεύεται εἰς τὰ ἴδια. ἀγρευθεῖσα δ' ὑπ' ἀνθρώπων ἡ πῖνα, [καὶ] ἐξελῶσι τὸν μαργαρίτην, καὶ δοθεὶς τῷ χρυσοχόῳ, καὶ τρυπήσας αὐτόν, ποία φύσις πάσχει, βροντῆς, ἀστραπῆς ἢ τοῦ ὀστράκου;

Τοῦτο γάρ ἐστιν ἐπὶ τῆς θεότητος τῆς ἐνσάρκου οἰκονομίας. διὰ μὲν τῆς βροντῆς ἦν ἡ τοῦ ἀγγέλου φωνή, διὰ δὲ τῆς ἀστραπῆς ἦν ἡ θεότης, διὰ δὲ τοῦ ὕδατος ἦν ὁ Λόγος, διὰ δὲ τοῦ ὀστρακοδέρματος ἦν ἡ Θεοτόκος, ἤγουν ἡ κογχυλίου πορφύρα, ἡ βάψασα ἐξ αἱμάτων αὐτῆς τῷ βασιλεῖ τῶν δυνάμεων. τρυπηθεῖσα δὲ πάσχει τοῦ ὀστρακοδέρματος ἡ φύσις, ἤγουν ἡ σὰρξ τῆς ἀνθρωπότητος· ἡ γὰρ θεότης ἀπαθὴς διέμεινεν, ὡς φησὶν Ἰωάννης ὁ Δαμασκηνός "ἡ μαργαρίτη τῆς θείας ἐξ ἀστραπῆς τὸν

Χριστὸν κυήσασα,” καὶ τὰ ἑξῆς. αἰσχυνέσθωσαν Ἀρμένιοι καὶ οἱ
Θεοπασχῖται οἱ λέγοντες· “ὁ σταυρωθεὶς Θεός.”
Καὶ ταῦτα μὲν τὰ τῶν ὀστρακοδερμάτων τῆς θαλάσσης.

Gr44-2. 진주에 관하여

인도에는 민물[158]이 부족한 바다 깊숙한 곳에 박혀 있는 조개가 있습니다.
인도의 다이마이온 월(月) 동안에 물이 차오르면, 조개는 민물이 필요하므
로, 바다 위로 나옵니다. 그러면 천둥이 울리고 번개가 치며 비가 내리는
데, 조개는 천둥소리와 번갯불과 물방울을 받아서, 곧장 자기 자리로 다시
돌아갑니다. 조개가 사람들에게 잡히면, 사람들은 진주를 꺼내고, 그것을
세공업자에게 주어서 구멍을 뚫습니다. 그러면 진주는 천둥, 번개 또는 껍
질과 같은 특성을 가지게 됩니다.

이것은 성육신이라는 신적인 경륜에 관한 것입니다. 천사의 소리는 천둥을
통해, 신성은 번개를 통해, 말씀은 물을 통해, 테오토코스는 패류를 통해
나타났습니다. 즉 테오토코스는 권능의 왕에게 바친 조개의 피로 물든 자
색옷에 해당합니다. 패류의 성질, 즉 인성을 가진 몸은 뚫려서 고통받지만,
신성은 고통을 받지 않은 채로 존속합니다. 다마스코스의 요한네스가 말한
것처럼 말입니다. “신성한 진주는 번개로 그리스도를 잉태하였다.”[159] 등등.
아르메니아 사람들과 신성이 고통받을 수 있다고 주장하며 “십자가에 못
박히신 하나님” 이라고 말하는 자들[160]은 부끄러운 줄 알아야 합니다.

---

158 여기서 ‘민물’로 그리스어 구문 γλυκαίων ὑδάτων은 원래 ‘단물’이라는 의미이다.

159 다마스코스의 요한네스(John of Damascus, 676-749)는 다마스코스에서 태어난 아랍의 기독교 사제였다.
그는 자신의 일부 저작에서 진주를 그리스도에 비유하는데, 여기서 인용된 구절은 그의 작품으로 전해지는
Deprecationes (간청)에 나오는 구절이다. 그러나 이 작품은 그의 저작으로서의 진정성(authenticity)을 의
심받는다. 이 내용은 Jacques P. Migne, ***Patrologia Graeca***, vol. 96, 816에 실려있다.

160 아르메니아 기독교로 대표되는 ‘단성론’(Miaphysitism)을 가리킨다. 단성론은 성육신 이후 그리스도의 신
성과 인성의 연합을 강조한다. 그리스도 안의 신성과 인성은 서로 고유한 특징을 지니고 있지만, 인간의 영

이것은 바다의 패류에 관한 것입니다.

Gr44-3. Περὶ τῶν μαργαριτῶν

Ἐν αὐτῇ τῇ Ἐρυθρᾷ θαλάσσῃ γίνεται τὸ μαργαριτάριον εἰς πλῆθος· γίνεται δὲ οὕτως· ἐν ἐκείνῃ τῇ θαλάσσῃ εἰσὶν ὀστρακοδέρματα καλούμενα πῖναι· αὗται γοῦν αἱ πῖναι ἵστανται πρὸς τὸν αἰγιαλόν, μία ἑκάστη αὐτῶν ἔχουσα τὸ στόμα ἀνεῳγμένον τοῦ εἰσελθεῖν τι πρὸς βρῶσιν αὐτῆς. ἱσταμένης δὲ αὐτῆς καὶ χαινομένης τῷ στόματι, ὡς δὲ συχνάκις τῶν ἀστραπῶν γινομένων, χωρεῖται ἡ ἀστραπτικὴ δύναμις πρὸς τὰ ἐντὸς τῆς πίνης, καὶ δειλιοῦσα ἡ πῖνα ἀσφαλίζει· ἀσφαλισθείσης δὲ τῆς πίνης, ἐχούσης δὲ ἐντὸς τὴν ἀστραπήν, εἰλίσσεται ἡ ἀστραπὴ μετὰ τῶν βολβίων τῶν ὀφθαλμῶν τῆς πίνης, καὶ εἰλισσομένη τοὺς δύο ὀφθαλμοὺς μαργαρίτας ἐργάζεται. καὶ οὕτω κράζουσα ἡ πῖνα διαχεομένη, οἱ μαργαρῖται λάμπουσι πρὸς τὴν Ἐρυθρὰν θάλασσαν, καὶ θεωροῦντες οἱ ἄνθρωποι εἰσέρχονται καὶ λαμβάνουσιν αὐτούς, καὶ οὕτω γίνονται οἱ μαργαρῖται.

Ὥσπερ δὲ ἐκεῖ οὕτως οἱ μαργαρῖται ἐργάζονται, τὸν αὐτὸν τρόπον καὶ ἡ ὑπέραγνος Μαρία, κεκαθαρμένη οὖσα ἀπὸ παντὸς ῥύπου. ἐλθοῦσα γὰρ ἡ θεία ἀστραπὴ ἐκ τοῦ οὐρανοῦ, ὁ Υἱὸς καὶ Λόγος τοῦ Θεοῦ, χωρηθῆναι ἐν τῇ παναγνῷ πίνῃ τῇ Θεοτόκῳ Μαρίᾳ, ἀτίμητος μαργαρίτης ἐξ αὐτῆς γέγονεν, περὶ οὗ γέγραπται· "τὸν μαργαρίτην τῆς θείας ἐξ ἀστραπῆς τὸν

혼과 몸처럼 그리스도의 신성과 인성이 한 인격 안에서 실체적으로 연합되어 있으므로 신성의 속성에 인성이 참여하고 인성의 속성에 신성이 참여할 수 있다고 보았다. 따라서 십자가에 달리고 고통당하는 성질은 본래 인성에 속하지만, 신성도 이에 참여할 수 있어서 '십자가에 못 박힌 하나님'이라고 말할 수 있다고 보았다. 단성론자들은 하나님의 신성을 찬양하는 삼성송(Trisagion)에 이 내용을 추가하여 노래하였으므로, 이 말은 단성론의 대표적인 표현이 되었다. 이것을 신학적으로는 '속성의 교류'라고 말한다.

Χριστὸν κυήσασα," καὶ φρόνιμός ἐστιν ὁ ἔμπορος ὃς ἂν ἐπιδώσῃ ὅσα ἔχει, καὶ ἀγοράσῃ τὸν ἀληθῆ μαργαρίτην, αὐτὸν τὸν Χριστόν.

Gr44-3. 진주에 관하여

홍해에는 진주가 많이 나옵니다. 다음과 같이 생성됩니다. 그 바다에는 패류라고 불리는 조개가 있습니다. 그 조개들은 해변을 향하고 있는데, 그것들 각각은 먹이가 들어오도록 열린 입을 가졌습니다. 그것이 입을 벌리고 있을 때면, 번개가 종종 치는데, 그러면 번개의 힘이 조개 안에 담기고, 조개는 겁이 많으므로 입을 닫아버립니다. 조개가 닫히면, 안에 번개를 가지게 되는데, 번개가 조개의 눈꺼풀[161]과 함께 회전하고, 그러면 두 눈을 회전시켜 진주를 만들어냅니다.[162] 이렇게 조개는 울리며 소리를 내고, 진주는 홍해를 비춥니다. 그러면 사람들은 그것을 보고 들어가서 그것들을 가져오는데, 이렇게 진주가 생겨나는 것입니다.

이렇게 진주가 만들어지듯, 이러한 방식으로 지극히 정결한 마리아도, 모든 불결함으로부터 깨끗하게 되었습니다. 하늘에서 신성한 번개, 곧 하나님의 아들이신 말씀이 오셔서, 가장 정결한 조개인 테오토코스 마리아에게 담기시어, 값을 매길 수 없는 진주가 그에게서 생겨났기 때문입니다. 이에 관하여 이렇게 기록되었습니다. "그는 번개로 신성한 진주이신 그리스도를 잉태하였다." 자기가 가진 모든 것을 팔아, 참된 진주, 곧 그리스도를 사는 상인은 현명합니다.

161　여기서 '눈꺼풀'로 번역된 그리스어 구문 βολβίων τῶν ὀφθαλμῶν은 문자적으로 '눈의 동그란 부분'을 의미한다.

162　'눈꺼풀'과 '눈' 등의 표현은 조개의 외투막과 아가미 등의 내부 구조를 의미하는 것으로 보인다.

45. 들나귀와 원숭이

Gr45. Περὶ ὀνάγρου καὶ πιθήκου

Ἔστιν ἄλλη φύσις τοῦ ὀνάγρου. εἶπεν ὁ Φυσιολόγος ὅτι ἐν τοῖς βασιλείοις εὑρίσκεται, καὶ ἐν τῇ πέμπτῃ καὶ εἰκάδι τοῦ Φαμενὼθ μηνὸς γινώσκουσιν ἀπὸ τοῦ ὀνάγρου ὅτι ἰσημερία γίνεται· ἐὰν οὖν βοήσῃ δωδεκάκις, γινώσκει ὁ βασιλεὺς καὶ τὸ παλάτιον ὅτι ἰσημερία γίνεται. ὁμοίως δὲ καὶ ὁ πίθηκος, ἐὰν ἑπτάκις οὑρήσῃ τῆς νυκτός, γινώσκουσιν ὅτι ἰσημερία γίνεται.

Ὁ οὖν ὄναγρός ἐστιν ὁ διάβολος, ἐπειδὴ ἡ νύξ [ἐστι], τουτέστιν ὁ λαὸς τῶν ἐθνῶν, ἴση γέγονε τῆς ἡμέρας, τουτέστι τῶν πιστευσάντων προφητῶν, ἐβόησεν οὖν ὁ ὄναγρος, τουτέστιν ὁ διάβολος. καὶ ὁ πίθηκος

δὲ τοῦ αὐτοῦ διαβόλου πρόσωπον λαμβάνει· ἔχει γὰρ ἀρχήν, τέλος δὲ
οὐκ ἔχει, τουτέστιν οὐράν, ὡς οὐδὲ ὁ πίθηκος μὴ ἔχων τέλος καλόν,
τουτέστιν οὐράν, ὡς καὶ ὁ διάβολος, μὴ ἔχων τέλος καλόν, ἐν τῇ ἀρχῇ εἷς
ἦν τῶν ἀρχαγγέλων, τὸ δὲ τέλος αὐτοῦ οὐχ εὑρέθη καλόν, ὡς οὐδὲ ὁ
πίθηκος μὴ ἔχων οὐράν ἐστι καλός· ἄμορφον γάρ ἐστι τῷ πιθήκῳ τὸ μὴ
ἔχειν οὐράν.

Καλῶς ὁ Φυσιολόγος ἔλεξε περὶ ὀνάγρου καὶ πιθήκου.

Gr45. 들나귀와 원숭이에 관하여

들나귀의 다른 특성이 있습니다. 피지올로구스가 말하기를, 들나귀는 왕궁
에서 발견되며, 사람들은 파메노트[163] 월의 25일에 들나귀로부터 춘분이 되
었음을 안다고 합니다. 들나귀가 12번 울면, 왕과 시종은 춘분이 되었음을
압니다. 이처럼 원숭이가, 밤에 7번 오줌을 싸면, 춘분이 되었음을 그들은
압니다.

그러므로 들나귀는 마귀입니다. 밤, 즉 이방 백성이 낮, 즉 믿음을 가진 예
언자들과 같아졌기 때문입니다. 따라서 들나귀, 즉 마귀가 울부짖은 것입
니다. 원숭이도 마귀의 모습을 하고 있습니다. 시작이 있지만, 끝, 즉 꼬리
가 없기 때문입니다. 원숭이가 아름다운 끝, 즉 꼬리를 가지지 않은 것처
럼, 악마도 아름다운 끝을 가지지 않는데, 그는 처음에는 대천사들 중 하나
였으나, 그의 끝은 원숭이가 꼬리가 없어서 아름답지 않은 것처럼 아름다
움이 없습니다. 원숭이에게 꼬리가 없다는 건 기형적이기 때문입니다.[164]

피지올로구스는 들나귀와 원숭이에 관하여 잘 설명해 주었습니다.

---

163 이집트 달력의 7번째 달이다.

164 원숭이로 번역된 πίθηκος는 유인원으로 번역될 수 있다. 여기서 기형적이라고 하는 것은 원숭이는 본래 꼬
     리가 있지만 유인원은 꼬리가 없기 때문이다.

<h1 style="text-align:center">46. 인도석</h1>

Gr46 Y26 C30

Gr46. Περὶ λίθου ἰνδικοῦ

Ἔστι λίθος ἰνδικός, ὀνόματι βατράχιος, τοιαύτην φύσιν ἔχων· ἐὰν ἄνθρωπος ὑδρωπικὸς τυγχάνῃ, οἱ τεχνῖται ἰατροὶ ζητοῦσι τὸν λίθον ἐκεῖνον, καὶ δεσμεύουσιν αὐτὸν τῷ ὑδρωπικῷ ὥρας τρεῖς, καὶ ὅλα τὰ ὕδατα συμπίνει τοῦ ὑδρωπικοῦ ὁ λίθος. εἶτα λύουσι τὸν λίθον, καὶ σταθμίζουσιν αὐτὸν μετὰ τοῦ ἀνθρώπου εἰς τὸν σταθμόν, καὶ ὁ μικρὸς λίθος ἕλκει τὸ σῶμα τοῦ ἀνθρώπου εἰς τὸν σταθμόν. ἐὰν δὲ ἀφεθῇ ὁ λίθος εἰς τὸν ἥλιον ὥρας τρεῖς, πάντα τὰ σαπρὰ ὕδατα ἅπερ ἦρεν ἐκ τοῦ σώματος τοῦ ἀνθρώπου ἐκχέει ἔξω, καὶ γίνεται ὁ λίθος καθαρὸς πάλιν ὥσπερ ἦν.

Ὁ λίθος ἐστὶν ὁ Κύριος ἡμῶν Ἰησοῦς Χριστός, ἡ τελεία ἀγάπη ἔξω βάλλουσα τὸν φόβον.[165] ἐπειδὴ ὑδρωπικοὶ ἦμεν, ἔχοντες τὰ ὕδατα τοῦ διαβόλου ἐν τῇ καρδίᾳ, κατελθὼν ὁ Κύριος καὶ δεθεὶς διὰ τοῦ σταυροῦ εἰς τὰς καρδίας ἡμῶν, τοὺς κλύδωνας ἡμῶν ἰάσατο. "αὐτὸς γὰρ τὰς ἀσθενείας ἡμῶν ἦρε [καὶ ἀνέλαβε], καὶ τὰς νόσους ἐβάστασε."[166]

---

165   요일 4.18: φόβος οὐκ ἔστιν ἐν τῇ ἀγάπῃ, ἀλλ' *ἡ τελεία ἀγάπη ἔξω βάλλει τὸν φόβον*, ὅτι ὁ φόβος κόλασιν ἔχει, ὁ δὲ φοβούμενος οὐ τετελείωται ἐν τῇ ἀγάπῃ.

Καλῶς οὖν ὁ Φυσιολόγος ἔλεξε περὶ τοῦ ἰνδικοῦ λίθου.

Gr46. 인도석에 관하여

인도석이 있는데, 그것의 이름은 '바트라키오스'이며, 이러한 특성이 있습니다. 어떤 사람이 수종(水腫)을 앓으면, 의사들은 그 돌을 찾아서, 그 수종을 앓는 자에게 세 시간 동안 묶어 놓습니다. 그러면 그 돌은 수종의 물을 모두 흡수합니다. 이후에 의사들이 그 돌을 풀어서 사람과 함께 저울에 달아두면, 그 작은 돌은 사람의 몸보다 무게가 더 나가게 됩니다. 세 시간 동안 그 돌이 태양을 향해 놓이면, 사람의 몸에서 흡수한 모든 더러운 물을 밖으로 내보내고, 그 돌은 이전처럼 다시 깨끗해집니다.

그 돌은 우리 주 예수 그리스도이신데, 완전한 사랑은 두려움을 밖으로 쫓아냅니다. 우리는 마음에 마귀의 물을 갖고서 수종을 앓았지만, 주님께서는 내려오셔서 십자가를 통해 우리의 마음에 묶이셔서, 우리의 곤경을 치유하셨기 때문입니다. "그분은 우리의 연약함을 친히 담당하시고 [회복시키시며], 병을 짊어지셨습니다."

그러므로 피지올로구스는 인도석에 관하여 잘 설명해 주었습니다.

---

166 마 8.17: ὅπως πληρωθῇ τὸ ῥηθὲν διὰ Ἠσαΐου τοῦ προφήτου λέγοντος· *αὐτὸς τὰς ἀσθενείας ἡμῶν ἔλαβεν καὶ τὰς νόσους ἐβάστασεν*.

47. 왜가리

Gr47 Y27 B22

Gr47. Περὶ ἐρωδιοῦ πετεινοῦ

Εἶπεν ὁ Ψαλμῳδός· "τοῦ ἐρωδιοῦ ἡ κατοικία ἡγεῖται αὐτῶν."[167] ὁ δὲ Φυσιολόγος ἔφη· ἔστι τοῦτο τὸ πετεινὸν πάνυ φρόνιμον ὑπὲρ πολλὰ πετεινά. Μίαν δὲ σκήνωσιν ἔχει καὶ μίαν μάνδραν, οὐ πολλὰς κοίτας ζητεῖ, ἀλλ᾽ ὅπου ἐὰν κατασκηνώσῃ, ἐκεῖ καὶ τρέφεται καὶ κοιμᾶται, ἀλλ᾽ οὔτε νεκρὸν σῶμα τρώγει, οὐδὲ εἰς πολλοὺς τόπους ἀνίπταται· ἡ κοίτη αὐτοῦ καὶ ἡ τροφὴ εἰς ἕνα τόπον ἐστίν.

Καὶ σὺ οὖν, ἄνθρωπε πολιτευόμενε, μὴ ζήτει πολλοὺς τόπους τῶν

---

167 시 104.17(LXX 103.17): ἐκεῖ στρουθία ἐννοσσεύσουσιν **τοῦ ἐρωδιοῦ ἡ οἰκία ἡγεῖται αὐτῶν**. '저들'은 '참새들'(στρουθία)을 의미한다.

αἱρετικῶν· μία σοι ἔστω κοίτη, ἡ ἁγία τοῦ Θεοῦ Ἐκκλησία, καὶ μία τροφή, ὁ ἄρτος ὁ ἀπὸ οὐρανοῦ καταβάς, ὁ Κύριος ἡμῶν Ἰησοῦς Χριστός, μηδὲ ἅπτου διδαγμάτων νεκρῶν, ἵνα ὁ ἐπουράνιος ἄρτος εὔοπτός σοι γένηται, καὶ μὴ ζήτει πολλοὺς τόπους τῶν ἑτεροδόξων.

Καλῶς οὖν εἶπεν ὁ Φυσιολόγος περὶ τοῦ ἐρωδιοῦ πετεινοῦ.

Gr47. 왜가리에 관하여

시편 기자는 말합니다. "왜가리[168]의 둥지가 저들보다 높은 곳에 있도다." 피지올로구스는 말합니다. 이 새는 다른 새들보다 매우 영리합니다. 왜가리는 하나의 둥지와 하나의 활동 영역을 가지지만, 다른 잠자리를 찾지 않고, 오히려 자기가 머무는 곳, 거기에서 살고 잠을 잡니다. 또한 왜가리는 사체를 먹지 않고 다른 곳으로 날아가지도 않습니다. 이 새의 둥지와 먹이는 한 곳에 있습니다.

그러므로 자유인들이여, 그대도 이단자들의 여러 곳을 찾지 마십시오. 그대에게 하나의 잠자리가 있게 할지니, 곧 하나님의 거룩한 교회입니다. 또 하나의 음식이 있게 할지니, 곧 우리 주 예수 그리스도이십니다. 또 그대는 죽은 자들의 가르침에 참여하지 마십시오. 그리하면 그대에게 천상의 먹음직스러운 빵이 있을 것입니다. 또 이교의 여러 곳을 찾지 마십시오.

그러므로 피지올로구스는 왜가리에 관하여 잘 설명해 주었습니다.

168　개역개정판에는 '학'이라고 번역되어 있다.

48. 돌무화과나무

Gr48 Y28

Gr48. Περὶ συκαμίνου

Ὁ μακάριος Ἀμὼς λέγει· "οὐκ ἤμην προφήτης οὐδὲ υἱὸς προφήτου, ἀλλ' ἢ αἰπόλος ἤμην κνίζων συκάμινα."[169] ὁ αἰπόλος τράγους ποιμαίνει· καλῶς οὖν ὁ Ἀμὼς πρόσωπον Χριστοῦ λαμβάνει. τὸ δὲ λέγειν ὅτι "κνίζων συκάμινα" νοερὸν ῥῆμα, καὶ ὁ Ζακχαῖος ἀνέβη ἐπὶ συκομορέαν.

Οἶδας ὅτι πρὸ τοῦ κνισθῆναι τὸ συκάμινον, εἰσὶ σκνῖπες, οἱ λεγόμενοι κώνωπες ἔνδον αὐτοῦ, ἐν σκότει κατοικοῦντες, φῶς οὐ βλέποντες. ἐν ἑαυτοῖς δὲ λέγουσιν· "ὡς μεγάλην χώραν κατοικοῦμεν," ἐν σκότει δέ εἰσι καθήμενοι. ἐπὰν οὖν κνισθῇ τὸ συκάμινον καὶ ἐκβῶσι, βλέπουσι τὴν λαμπρότητα τοῦ ἡλίου καὶ τῆς σελήνης καὶ τῶν ἄστρων, καὶ λέγουσιν ἐν ἑαυτοῖς· "ἐν σκότει ἦμεν καθήμενοι καὶ σκιᾷ θανάτου πρὸ τοῦ κνισθῆναι τὸ συκάμινον." κνίζεται μὲν οὖν τῇ πρώτῃ ἡμέρᾳ, τῇ δὲ τρίτῃ παριστάνεται, καὶ τροφὴ γίνεται πάντων.

Κέκνισται οὖν ἡ πλευρὰ τοῦ Κυρίου ἡμῶν Ἰησοῦ Χριστοῦ ἐν τῇ λόγχῃ, καὶ ἐξῆλθεν αἷμα καὶ ὕδωρ, καὶ τῇ τρίτῃ ἡμέρᾳ, ἀναστάντος αὐτοῦ ἐκ

---

169 암 7.14: καὶ ἀπεκρίθη Αμως καὶ εἶπεν πρὸς Αμασιαν *οὐκ ἤμην προφήτης ἐγὼ οὐδὲ υἱὸς προφήτου ἀλλ᾽ ἢ αἰπόλος ἤμην καὶ κνίζων συκάμινα.*

νεκρῶν, εἴδομεν τοὺς νοεροὺς φωστῆρας, ὡς καὶ οἱ σκνῖπες, κνισθέντος τοῦ συκαμίνου, εἶδον τοὺς φωστῆρας τοὺς ἀθανάτους· οἱ οὖν ἔριφοι πρόσωπον λαμβάνουσι τῆς μετανοίας, διὰ τὸ ἐκ τῶν τριχῶν αὐτῶν πενθήρη χιτῶνα ὑφαίνεσθαι· "ἐν σάκκῳ καὶ σποδῷ, φησί, μετενόησαν."[170] "ὁ λαὸς ὁ καθήμενος ἐν σκότει φῶς εἶδε μέγα, καὶ τοῖς καθημένοις ἐν χώρᾳ καὶ σκιᾷ θανάτου φῶς ἀνέτειλε."[171] κνιζομένου τοῦ συκαμίνου, τῇ τρίτῃ ἡμέρᾳ τροφὴ γίνεται· οὕτω καὶ ὁ Κύριος ἡμῶν Ἰησοῦς Χριστός, κνισθεὶς τὴν πλευράν, τῇ τρίτῃ ἡμέρᾳ ἀνέστη ἐκ νεκρῶν, καὶ ζωὴ καὶ τροφὴ πᾶσιν ἡμῖν ἐγένετο.

Gr48. 돌무화과나무에 관하여

복된 아모스는 말했습니다. "나는 선지자가 아니며 선지자의 아들도 아니요, 염소의 목자며 돌무화과나무[172] 열매를 긁어내는 자라." 염소의 목자는 염소를 먹입니다. 그러므로 아모스는 그리스도의 모습을 잘 보여줍니다. 또한 "돌무화과나무 열매를 긁어내는 자"라는 말은 가지적(可知的)인 것인데, 삭개오가 그 돌무화과나무 위로 올라갔습니다.

돌무화과나무 열매를 긁어내기 전에, 그 안에 각다귀라고 불리는 벌레가 있다는 것을 당신은 압니다. 그 벌레는 어둠 속에 거하며, 빛을 보지 못합니다. 그것들은 스스로에게 말합니다. "우리는 큰 곳에 살고 있구나." 하지만 그들은 암흑 가운데 앉아 있는 것입니다. 그리고 돌무화과나무 열매가 긁어져서 그것들이 밖으로 나오면, 그것들은 해와 달과 별의 찬란함을 보

---

170 마 11.21: οὐαί σοι, Χοραζίν, οὐαί σοι, Βηθσαϊδά· ὅτι εἰ ἐν Τύρῳ καὶ Σιδῶνι ἐγένοντο αἱ δυνάμεις αἱ γενόμεναι ἐν ὑμῖν, πάλαι ἂν *ἐν σάκκῳ καὶ σποδῷ μετενόησαν*.

171 마 4.16: *ὁ λαὸς ὁ καθήμενος ἐν σκότει φῶς εἶδεν μέγα, καὶ τοῖς καθημένοις ἐν χώρᾳ καὶ σκιᾷ θανάτου φῶς ἀνέτειλεν αὐτοῖς*.

172 개역개정판에는 '뽕나무'라고 번역되어 있다. 그러나 돌무화과나무가 더 적절한 번역이다.

며 스스로에게 말합니다. "우리가 돌무화과나무가 긁어내어지기 전에는 어둠과 죽음의 그림자 속에 앉아 있었구나." 그리고 돌무화과나무 열매는 첫째 날에 긁어내지고, 셋째 날에 내어져서 모두의 음식이 됩니다.

그러므로 우리 주 예수 그리스도의 옆구리가 창에 찔려 피와 물이 나왔습니다. 그리고 셋째 날에, 그분께서 죽은 자들 가운데서 부활하셨을 때, 우리는 가지적(可知的)인 광명체들을 보았습니다. 마치 각다귀가, 돌무화과나무 열매가 긁어내어진 후, 불사하는 광명체[173]들을 보았던 것처럼 말입니다. 또한 새끼 염소들은 회개의 모습을 하는데, 그것들의 털로 슬픔의 옷을 짜기 때문입니다. "이르기를, 그들이 베옷과 재에서 회개하였다." "어둠에 나앉은 백성이 큰 빛을 보았고, 죽음의 땅과 그늘에 앉은 이들에게 빛이 비치었다." 돌무화과나무 열매가 긁어내어진 후, 셋째 날에 음식이 됩니다. 이처럼 우리 주 예수 그리스도께서도, 옆구리를 찔리신 후, 셋째 날에 죽은 자들 가운데서 부활하시어, 우리 모두에게 생명과 음식이 되셨습니다.

---

173 고대 그리스인들은 영원하고 불멸하는 것은 변화하지 않는 것이라 생각하였는데, 특히 변화하지 않고 일정한 주기로 운동하는 천체들이 그러한 것의 대표적인 부류라고 생각하였다.

49. 뻐꾸기

Gr49

Gr49. Περὶ κόκκυγος

ὅτι ὁ κόκκυξ ὄρνεόν ἐστιν, κόκοξ παρ' Ἕλλησιν λεγόμενον, παρὰ δὲ Ῥωμαίοις κόκκολος λέγεται· ἐπιτηρεῖν δὲ πέφυκεν πλησίον ἑτέρου ἐπωάζοντος ὀρνέου καλιὰν ποιεῖν, εἶτα λεληθότως τὰ μὲν τοῦ γείτονος ἀναλίσκειν ᾠά, τὰ δὲ οἰκεῖα ἀνθυποβάλλειν ἐκείνων· ἔνθεν τοὺς τὰ ἀλλότρια μετὰ τέχνης ἀπατηλῆς τρώγοντας κοκκόλους καλοῦσιν.

Gr49. 뻐꾸기에 관하여

뻐꾸기(콩퀵스)라는 새가 있는데, 그리스인들에게는 '코콕스'로 불리고, 로마인들에게는 '콩콜로스'로 불립니다. 뻐꾸기는 다른 새가 둥지를 만들 때 주변을 자연스럽게 지켜보다가, 이후 몰래 이웃새의 알들을 없애버리고, 그것들을 대신하여 자기의 알을 던져놓습니다. 그렇기에 다른 이의 것들을 교묘한 기술로 갉아먹는 이들을 뻐꾸기라고 부릅니다.

50. 해마

Byz1

Byz1. Περὶ τοῦ ὑδρίππου

Ἔστι γὰρ ὁ ὕδριππος μόρφωσιν ἔχων ἵππου ἀπὸ μὲν τὰ δ μέσα καὶ τὰ ἄνω, ἀπὸ δὲ τὰ μέσα καὶ τὰ κάτω μόρφωσιν ἔχει κήτους. πορεύεται δὲ ὁ αὐτὸς ὕδριππος ἐν τῇ θαλάσσῃ ἐν τῇ ἑῴᾳ γῇ καὶ ἔστι στρατηγὸς πάντων τῶν ἰχθύων, προσήλωται δὲ ἐν πέτρᾳ, καὶ τὰ κύματα οὐ διαφθείρουσιν αὐτόν· [κατὰ δὲ τὸ μέρος τῆς ἑῴας γῆς ἵσταται ἰχθὺς χρυσίου χρῳὰν ἔχων], ἔστι δὲ τὸ εἶδος αὐτοῦ διὰ χρυσίου [καὶ οὐ μεταπίπτει ἐκ τοῦ τόπου αὐτοῦ]. καὶ ὅτε πυρωθῶσιν αἱ ἰχθύαι τῆς θαλάσσης, πορεύονται πρὸς τὸν ὕδριππον [καὶ αὐτὸς ὡς ὢν στρατηγὸς πάντων τῶν ἰχθύων, πορεύεται κατὰ τῆς ἑῴας γῆς κατὰ τὸν χρύσειον ἰχθύν, καὶ πορεύονται μετ' αὐτοῦ αἱ ἰχθύαι ἄπασαι συμπλέουσαι]· οἱ κατὰ βορρᾶν πλέουσι κατὰ νότον, καὶ οἱ κατὰ νότον πλέουσι κατὰ βορρᾶν. [καὶ πορεύονται πρὸς τὸν χρυσοῦν ἰχθύν, καὶ ἀπελθὼν ὁ ὕδριππος περιλείχει αὐτόν, καὶ αὐτὸν περιλείχουσι πάντες οἱ ἄρρενες ἰχθύες]. ἐὰν γὰρ μὴ ἀπέλθωσι πρὸς αὐτὸν καὶ ἀσπάσωνται καὶ προσκυνῶσιν αὐτῷ ὡς βασιλεῖ τῶν ἰχθύων, οὐκ ἐγκυοῦνται. [καὶ πορεύονται κατὰ τοὺς ἰδίους τόπους·] ὅτε δὲ πορεύονται πρὸς τὸν ὕδριππον, πορεύονται αἱ θήλειαι ἔμπροσθεν καὶ οἱ *ἄρρενες ὄπισθεν, καὶ λοιπὸν στένουσιν οἱ ἁλιεῖς τὰ δίκτυα ἐν τῇ ὁδῷ αὐτῶν, αἱ δὲ ἰχθύαι οὖσαι ἐν πολλῇ πυρώσει, εὐκόλως ἐμπίπτουσιν εἰς τὰ δίκτυα καὶ κυνηγοῦνται ὑπὸ τῶν ἁλιευτῶν. οὕτω καὶ οἱ ἄνθρωποι οἱ μεθύσκοντες τοῦ βίου διὰ τὰς ἡδονάς, ἁλιεύονται ὑπὸ τῶν ἐναντίων δυνάμεων.*

Byz1. 해마에 관하여

해마는 상반신은 말의 모습인데, 하반신은 고래(바다 괴물)의 모습을 하고 있습니다. 해마는 동쪽 바다에서 다니고 모든 물고기들의 우두머리며, 바위에 딱 붙어 있어서, 파도가 해칠 수 없습니다. [동쪽 땅에는 금색의 물고기가 있는데], 그것의 모습은 순금같이 보이며 [자기 자리에서 움직이지 않습니다.] 바다의 물고기들은 더워지면, 해마에게로 나아갑니다. [그리고 해마는 모든 물고기들의 우두머리로서, 동쪽에 있는 금빛 물고기에게 가는데, 해마와 더불어 모든 물고기들도 함께 헤엄쳐갑니다.] 북쪽의 물고기들은 남쪽으로 헤엄쳐가며, 남쪽의 물고기들은 북쪽으로 헤엄쳐갑니다. [물고기들이 금빛 물고기에게 가면, 해마가 가서 그것을 핥는데, 모든 수컷 물고기들도 그것을 핥습니다.] 물고기들이 금빛 물고기에게 가서, 그것을 맞이하여 물고기들의 왕으로 경배하지 않으면, 잉태하지 못합니다. [그리고 물고기들은 자기의 자리로 돌아갑니다.] 물고기들이 해마에게로 돌아갈 때, 암컷 물고기들은 앞으로 나아가고 수컷 물고기들은 뒤에서 나아가는데, 그러면 어부들이 그들의 길에 그물을 펼칩니다. 발정이 난 암컷 물고기들은 쉽게 그물 안으로 들어가버리고 어부들에게 잡혀버리고 맙니다. 이렇게 삶의 쾌락으로 취한 사람들은 대적하는 권세에 의해 낚이고 맙니다.

Ὅτε δὲ ἀποστρέφονται ἀπὸ τὸν ὕδριππον, πλέουσιν οἱ ἄρρενες ἔμπροσθεν καὶ αἱ θήλειαι ὄπισθεν, ῥίπτουσι δὲ οἱ ἄρρενες τὸν τόκον, αἱ δὲ θήλειαι ἀκολουθοῦσιν ὄπισθεν αὐτῶν καὶ λαμβάνουσι τὸν γόνον διὰ τοῦ στόματος, καὶ εὐθέως ἐγκυοῦνται, καὶ [δι' ἡμερῶν ἑπτὰ τίκτουσιν· ἀφ' οὗ γὰρ ἐγκυωθῶσιν] ἀφορίζονται ἀπ' ἀλλήλων καὶ οὐκέτι ἀλιεύονται.

Καὶ σὺ οὖν, νοητέ ἄνθρωπε, πρόσπλευσον ἐπὶ ἀνατολάς, τουτέστι κατὰ τὴν Ἐκκλησίαν, καὶ προσκύνησον τὸν ὕδριππον, τουτέστι τὸν δεσπότην Θεόν, καὶ ἐγκυώθητι Πνεύματος ἁγίου καὶ ἀφορίζου τῆ<ς> ἁμαρτία<ς> καὶ τῆ<ς> ἀκαθαρσία<ς>, καὶ οὐκέτι ἀλιεύσει ὑπὸ τῶν ἐναντίων δυνάμεων.

Καλῶς ὁ Φυσιολόγος ἔλεξε περὶ τοῦ ὑδρίππου.

그런데 물고기들이 해마로부터 돌아설 때, 수컷 물고기들이 앞으로 나아가고 암컷 물고기들이 뒤에서 나아가는데, 수컷들이 정액을 흩뿌리면 암컷들은 뒤에서 따라가서 입으로 정자를 받아, 즉시 잉태합니다. 그리고 [칠 일후에 산란합니다. 그것들은 잉태한 이후엔] 서로에게서 떨어져서 더이상 낚이지 않습니다.

가지적(可知的)인 사람이여, 그러므로 그대도 동방, 곧 교회로 다가가십시오. 그리고 해마, 곧 주재자 하나님을 경배하십시오. 그리고 성령으로 잉태하여 죄와 불결함〈으로부터〉 떨어지십시오. 그러면 대적하는 권세에 의해 더 이상 낚이지 않게 될 것입니다.

피지올로구스는 해마에 관하여 잘 설명해 주었습니다.

51. 공작새

Byz2

Byz2. Περὶ τῆς ταῶνος

Ἔστι γὰρ ἡ ταῶν πάνυ τερπνὸν ὄρνεον παρὰ πάντα τὰ πετεινὰ τοῦ οὐρανοῦ. αὕτη δὲ ἡ ταῶν οὖσα εὐμορφόχροος καὶ ὡραία ταῖς πτέρυξιν, περιπατοῦσα ἔνθεν κἀκεῖθεν ὁρᾷ ἑαυτὴν τερπομένην, καὶ διασείεται καὶ κινίζει καὶ ὑποβλέπεται, ὅταν δὲ ἴδῃ τοῖς ποσὶν αὐτῆς, φωνήσει ἀγρίως κλαίουσα· οὐ γάρ εἰσιν οἱ πόδες αὐτῆς κατὰ τὴν μορφὴν αὐτῆς.

Καὶ σὺ οὖν, νοητὲ ἄνθρωπε, ὁρῶν τὰς ἐντολάς σου καὶ τὰ ἀγαθά σου, ἃ σοι ἔδωκεν ὁ Θεός, τέρπου καὶ εὐφραίνου καὶ ἀγάλλου τῇ ψυχῇ· ὅταν δὲ βλέπῃς τοῖς ποσί σου, τουτέστι τὰ ἁμαρτήματά σου, φώνησον καὶ κλαῦσον πρὸς τὸν Θεόν, καὶ μίσησον τὴν ἀδικίαν, ὥσπερ ἡ ταῶν τοῖς *ποσὶν αὐτῆς, ἵνα δίκαιος τῷ νυμφίῳ διαφανῆς.*

Καλῶς ὁ Φυσιολόγος ἔλεξε περὶ τῆς ταῶνος.

Byz2. 공작새에 관하여

공작새는 하늘의 모든 새들에 비해 매우 사랑스러운 새입니다. 이 공작새는 날개가 아름답고 고운데, 이리저리 다니며 자신을 보고서 즐거워하며, 흔들고 움직이며 흘겨봅니다. 그런데 자신의 발을 볼 때면, 난폭하게 울며 소리를 지릅니다. 공작새의 발이 그의 모습에 걸맞지 않기 때문입니다.

가지적(可知的)인 사람이여, 그러므로 그대도 하나님께서 그대에게 주신 계명과 선한 것들을 보며, 즐거워하고 기뻐하고 생명에 경탄하십시오. 그러나 그대의 발, 즉 그대의 죄를 볼 때면, 하나님을 향하여 소리 지르며 우십시오. 그대가 신랑에게 의로운 자로 보이도록, 공작새가 자기의 발을 미워하듯, 그대도 불의를 미워하십시오.

피지올로구스는 공작새에 관하여 잘 설명해 주었습니다.

52. 황새

Byz3

Byz3. Περὶ τοῦ πελαργοῦ

Ἔστι γὰρ ὁ πελαργὸς φιλοκάλιον ὄρνεον· ἀπὸ μὲν τὰ μέσα καὶ τὴν ἄνω ἐστὶ λευκοειδής, ἀπὸ δὲ τὰ μέσα καὶ τὴν κάτω [ἐστὶ] ζοφώδης. οὗτος μὲν ὁ πελαργός ἐστι μὴ ἐκλείπων ἀπὸ τῆς καλιᾶς αὐτοῦ, ἀλλ' ἔστι, φησίν, ποτὲ μὲν ὁ ἄρρην, ποτὲ δὲ ἡ θύλη φυλάττουσα αὐτήν, καὶ οὐκ ἐῶσιν αὐτὴν μόνην.

Οὕτω καὶ ὁ Κύριος ἡμῶν Ἰησοῦς Χριστός, ὅτε μὲν τὰ ἄνω δεικνύει, τοῖς πᾶσι Θεός, ὅτε δὲ τὰ κάτω τοῖς ἀνθρώποις ὡς ἄνθρωπος, μήτε τὰ οὐράνια παρεῶν, μήτε τὰ ἐπίγεια ἐγκαταλιπών.

Byz3. 황새에 관하여

황새는 둥지를 사랑하는 새인데, 상반신은 하얀색이며, 하반신은 어두운 색[입니다]. 황새는 둥지를 버리지 않으며, 오히려 어떤 때는 수컷이, 어떤 때는 암컷이 둥지를 지키며, 둥지를 홀로 남겨두지 않습니다.

이렇게 우리 주 예수 그리스도께서도, 위의 것들을 보이실 때에는 모두에게 하나님이시나, 아래의 것들을 사람들에게 보이실 때에는 사람이시며, 하늘의 것들을 떠나지도 않으시고, 땅 위의 것들을 버리지도 않으십니다.

Οὗτοι δὲ οἱ πελαργοὶ γνῶθι ὡς πορεύονται ἀμφότεροι καὶ ποιοῦσι τοὺς νεοσσοὺς αὐτῶν, καὶ εὐθέως ἀπέρχεται ὁ ἄρρην καὶ κομίζει βρῶσιν, ἡ δὲ θύλη καθέζεται καὶ φυλάττει αὐτούς, καὶ ἀλλάσσουσιν ἀλλήλοις καὶ τὴν καλιαν αὐτῶν οὐκ ἀθετοῦσι.

Καὶ σὺ οὖν, νοητὲ ἄνθρωπε, μήτε πρωὶ μήτε ἑσπέρα παρέλθῃς ἄνευ τῆς προσευχῆς, καὶ οὐ μὴ κατακυριευθῇς ὑπὸ τοῦ διαβόλου. Οὗτος δὲ καὶ ὁ πελαργὸς τελειῶν τοὺς νεοσσοὺς αὐτοῦ, πετάζονται πάντες ἐν μιᾷ ὥρᾳ [καὶ μιᾷ ἡμέρᾳ] καὶ μιᾷ στιγμῇ, καὶ πορεύονται εἰς ἔτερον τόπον, καὶ πάλιν εἰς τὸν χρόνον αὐτῶν ἐλεύσονται ἀνορθοῦντες τὰς ἑαυτῶν καλιάς, καὶ ποιοῦντες τοὺς νεοσσοὺς αὐτῶν, καθ' ὃν τρόπον καὶ ὁ Κύριος ἡμῶν Ἰησοῦς Χριστὸς ἀνελήφθη ἀφ' ἡμῶν, καὶ πάλιν ἐλεύσεται εἰς τὸν καιρὸν αὐτοῦ, ἀνορθῶν τοὺς κατηραγμένους κατὰ τὸ εἰπεῖν τὸν Προφήτην ὅτι "ἐκεῖ στρουθία ἐννοσσιεύσουσι· τοῦ ἐρωδιοῦ ἡ κατοικία ἡγεῖται αὐτῶν."[174] Καλῶς ὁ Φυσιολόγος ἔλεξε περὶ τοῦ πελαργοῦ.

이 황새들은 둘이서 함께 다니며 그들의 새끼를 기르는데, 수컷은 즉시 나가서 먹이를 가져오고, 암컷은 앉아 새끼들을 지키며, 서로가 번갈아가며 자기들의 둥지를 버리지 않습니다.

가지적(可知的)인 사람이여, 그러므로 그대도 아침에나 저녁에나 기도 없이 나아가지 말고, 결코 악마에게 지배당하지 마십시오. 이 황새는 새끼들을 다 키우면, 모두가 한 시간에 [그리고 한 날에] 그리고 한 순간에 날아, 다른 곳으로 가며, 다시 그들의 때에 와서 자기들의 둥지를 복원하고, 새끼를 기릅니다. 그렇게 우리 주 예수 그리스도께서도 우리에게서 올라가셨다가,

---

174　시 104.17(LXX 103.17): *ἐκεῖ στρουθία ἐννοσσεύσουσιν τοῦ ἐρωδιοῦ ἡ οἰκία ἡγεῖται αὐτῶν.*

다시 그분의 때에 오셔서, 무너진 자들을 회복하실 것입니다. 선지자가 "참새가 그곳에 둥지를 짓고, 왜가리의 둥지가 그것들을 점유하리라." 라고 말한대로 말입니다.

피지올로구스는 황새에 관하여 잘 설명해 주었습니다.

53. 딱따구리

Byz4

Byz4. Περὶ τοῦ δενδροκολάφου

Ἔστι γὰρ ὁ δενδροκόλαφος ποικίλον ὄρνεον, καθάπερ καὶ ὁ διάβολος ποικίλος ἐστίν. εἰσέρχεται λοιπὸν ὁ αὐτὸς δενδροκόλαφος ἐν τῇ ὕλῃ τοῦ δρυμοῦ καὶ ἀνέρχεται ἐπὶ τὰ δένδρα, καὶ μετὰ τῆς μυκτῆρος αὐτοῦ κρούει καὶ μὲ τὸ οὖς ἀκροᾶται, καὶ εἰ μέν ἐστι κοῦφον καὶ ἀκάρδιον τὸ δένδρον, ποιεῖ ἐκκοπὴν καὶ εἰσέρχεται ἐν αὐτῷ καὶ νοσσιεύει καὶ τεκνογονεῖ· εἰ δέ ἐστι σολδόν, [ἱλαρὸν] καὶ ὁλοκάρδιον τὸ δένδρον, ταχέως ἀναχωρεῖ ἀπ' αὐτοῦ καὶ πορεύεται ἐν ἑτέρῳ.

Οὕτω καὶ ὁ διάβολος πορεύεται ἐν δρυμῷ, τουτέστιν ἐν τῇ ἀνθρωπίνῃ φύσει, καὶ ἀνέρχεται ἐν τοῖς δένδροις, τουτέστιν ἐν τοῖς ἀνθρώποις, κρούων μὲ τὰ βέλη τῆς ἀκαθαρσίας καὶ μὲ τὸ οὖς ἀκροᾶται, καὶ εἰ μέν ἐστι κοῦφος καὶ ἀκάρδιος ὁ ἄνθρωπος, εὐθέως εἰσέρχεται εἰς αὐτὸν καὶ νοσσιεύει ἐν τῇ καρδίᾳ αὐτοῦ· εἰ δέ ἐστι σολδὸς καὶ ὁλοκάρδιος ὁ ἄνθρωπος, ἀναχωρεῖ ἀπ' αὐτοῦ ταχέως καὶ πορεύεται ἐν ἑτέρῳ δρυμῷ.

Καλῶς ὁ Φυσιολόγος ἔλεξε περὶ τοῦ δενδροκολάφου.

Byz4. 딱따구리에 관하여

딱따구리는 여러 가지 색을 가진 새입니다. 마치 악마가 여러 가지 색을 가진 것처럼 말입니다. 딱따구리는 숲 속으로 들어가 나무 위로 올라서, 자기의 부리로 두드려 귀로 들어보고, 나무가 속이 비었고 들어차지 않았다면, 구멍을 만들어 그 안에 들어가서 둥지를 짓고 산란합니다. 그런데 나무가 견고하고 [활기차고] 온전히 속이 들어차있다면, 급히 그 나무에서 물러나 다른 나무로 가버립니다.

이렇게 악마도 숲, 즉 인성(人性) 안에 와서, 나무들, 즉 사람들에게 올라가, 부정함의 화살로 두드려 귀로 들어보아, 그 사람이 속이 비었고 속이 들어차지 않았다면, 즉시 그에게로 들어가서 그의 마음에 둥지를 짓습니다. 그런데 그 사람이 견고하고 온전히 속이 들어차 있다면, 그에게서 급히 물러나 다른 숲으로 가버립니다.

피지올로구스는 딱따구리에 관하여 잘 설명해 주었습니다.

54. 산토끼

Byz5

Byz5. Περὶ τοῦ λαγωοῦ

Ἔστι γὰρ ὁ λαγωός δρομεὺς καθὸ πτήγει, καὶ ὅταν ἐκφεύγῃ τὸν κυνηγόν, ἐὰν ὁρμήσῃ πρὸς τοὺς ὑψηλοὺς αὐχένας, κοπιοῦσιν οἱ κύνες ἄμα τοῦ κυνηγοῦ καὶ οὐκ ἰσχύουσι κυνηγῆσαι αὐτόν, εἰ δὲ κατὰ βάθους ὁρμήσῃ, ταχέως κυνηγᾶται.

Καὶ σὺ οὖν, νοητέ ἄνθρωπε, ἐὰν ὁρμήσῃς τὰ ἄνω ὄρη, ἅπερ καὶ ὁ Δαυίδ ἔλεγεν· "ἦρα τοὺς ὀφθαλμούς μου εἰς τὰ ὄρη, ὅθεν ἥξει ἡ βοήθειά μου,"[175] τουτέστιν εἰς τὰς ἀρετὰς καὶ ἐνθέους πολιτείας, κοπιοῦσιν αἱ ἐναντίαι δυνάμεις ἄμα τοῦ κυνηγοῦ, τουτέστι τοῦ διαβόλου, καὶ οὐ καταλαμβάνεσαι· εἰ δὲ δώσεις κατὰ βάθους, τουτέστι κατὰ τῆς πλάνης καὶ τῆς ἁμαρτίας, καταφθάζεσαι ὑπὸ τῶν ἐναντίων δυνάμεων.

Καλῶς ὁ Φυσιολόγος ἔλεξε περὶ τοῦ λαγωοῦ.

Byz5. 산토끼에 관하여

산토끼는 달아나기 위해 뛰어다니는 동물인데, 산토끼가 사냥꾼을 피할

---

175   시 121.1(LXX 120.1): ᾠδὴ τῶν ἀναβαθμῶν *ἦρα τοὺς ὀφθαλμούς μου εἰς τὰ ὄρη πόθεν ἥξει ἡ βοήθειά μου*.

때, 높은 언덕으로 달려가면, 개들이 사냥꾼과 함께 지쳐버려서 그를 사냥하지 못합니다. 하지만 산토끼가 낮은 곳으로 달려가면, 급히 사냥당하고 맙니다.

가지적(可知的)인 사람이여, 그러므로 그대도 다윗이 "내가 산을 향하여 눈을 들리라 나의 도움이 어디서 올꼬." 라고 말했던 저 높은 산, 즉 미덕과 하나님 안에서의 행실로 달려가면, 대적하는 권세들은 사냥꾼, 즉 악마와 함께 지쳐서, 잡지 못할 것입니다. 하지만 그대가 낮은 곳, 즉 잘못과 죄를 따라 간다면[176], 대적하는 권세들에게 잡혀버릴 것입니다.

피지올로구스는 산토끼에 관하여 잘 설명해 주었습니다.

---

176 여기서 '간다면'으로 번역된 $\delta\omega\sigma\epsilon\iota\varsigma$를 직역하면 '(자신을) 내어준다면'이다.

성경 찾아보기

성경	약어	장·절 (LXX: 칠십인역)	우화 번호	이야기 번호
창세기	창	49.9		Gr1
출애굽기	출	21.17(LXX 21.16)		Gr8
레위기	레	11.17		Gr40
		11.29		Gr21
민수기	민	24.17		G32-1
신명기	신	14.8		Gr24
		14.18-19		Gr3
욥기	욥	4.11		Gr20
		31.40		Gr12
		39.5		Gr9
시편	시	1.3		Gr34
		24.10(LXX 23.10)		Gr1
		42.1(LXX 41.2)		Gr30-1
		45.9(LXX 44.10)		Gr16
		55.7(LXX 54.8)		Gr33-2
		57.1(LXX 56.2)		Gr34
		63.10(LXX 62.11)		Gr15
		68.18(LXX 67.19)		Gr3
		69.1(LXX 68.2)		Gr43
		92.10(LXX 91.11)		Gr22
		102.6(LXX 101.7)		Gr4, Gr5
		103.5(LXX 102.5)		Gr6
		104.17(LXX 103.17)		Gr47, Byz3
		121.1(LXX 120.1)		Byz5
		121.4(LXX 120.4)		Gr1, Gr27
		124.7(LXX 123.7)		Gr23

잠언	잠	3.18		Gr34
		5.3-5		Gr17
		6.6		Gr12
아가	아	2.8		Gr41
		2.12		Gr28-1
		2.14		Gr28-2
		2.15		Gr15
		3.9		Gr7
		4.3		Gr35-1
		5.2		Gr1
이사야	사	1.2		Gr4
		13.21		Gr13-1
		26.17-18		Gr19
		38.14		Gr28-1, Gr28-2
		43.2		Gr31-1
		54.1		Gr9
예레미야	렘	2.13		Gr6
		3.2		Gr27
		3.9		Gr27
		8.7		Gr28-1
		12.9		Gr24
		17.11		Gr18
에스겔	겔	29.3		Gr26
호세아	호	5.14		Gr16
아모스	암	7.7		Gr32-1
		7.8-9		Gr32-2
		7.14		Gr48
스가랴	슥	6.12		Gr2
말라기	말	4.2(LXX 3.20)		Gr2
유딧기(LXX)	유딧	13.1-20		Gr17, Gr40
집회서(LXX)	집회	9.8		Gr37-1 ,Gr37-2
수산나(LXX)	수산	1.1-63(VUL 단 13.1-64)		Gr17, Gr40
마태복음	마	3.7		Gr10-1
		3.16-17		Gr32-1, Gr35-1
		4.16		Gr32-1, Gr48
		5.37		Gr20
		7.14		Gr11

성경	약어	장절	그림
		8.17	Gr46
		8.20	Gr15
		10.16	Gr11, Gr35-3
		10.22	Gr39
		11.21	Gr48
		11.28	Gr35-1
		17.5	Gr28-1
		19.18	Gr30-1
		24.19	Gr19
		25.1-13	Gr12
		26.27	Gr4
마가복음	막	10.38	Gr32-2
누가복음	눅	1.35	Gr34
		1.69	Gr22
		1.78-79	Gr32-1
		3.4-6	Gr32-1
		3.7	Gr10-1
		3.21-22	Gr35-1
		12.32	Gr5
		19.9	Gr16
요한복음	요	1.11	Gr32-1
		1.14	Gr1, Gr22
		1.29	Gr41, Gr44-1
		1.32	Gr35-1
		3.14	Gr3
		8.46	Gr32-1
		10.17-18	Gr7
		14.30	Gr3
로마서	롬	1.25	Gr4
		1.27	Gr24
		7.14	Gr12
		11.33	Gr40
		15.8	Gr5
고린도전서	고전	11.3	Gr11
		15.33	Gr13-1, Gr13-2
		15.55	Gr25

고린도후서	고후	5.21		Gr5
		11.2		Gr27
		11.26		Gr32-1
		13.3		Gr32-1
갈라디아서	갈	4.5		Gr5
		5.22		Gr16
		6.14		Gr34
에베소서	엡	4.5		Gr33-1
		4.24		Gr6
		5.14		Gr33-3
디모데후서	딤후	2.19		Gr41
		3.5		Gr13-2
히브리서	히	12.4		Gr32-2
야고보서	약	1.8		Gr20
베드로전서	벧전	2.22		Gr28-2
요한일서	요일	4.18		Gr46

그리스어 우화 명칭	우화 번호
αδαμάντινος λίθος	42
ἀδάμας	32
ἀετός	6
ἀλώπηξ	15
ἀσπιδοχελώνη	17
ἀχάτης	44
βατράχιος λίθος	46
βάτραχος χερσαῖος	29
βάτραχος ἔνυδρος	29
γαλέη	21
γεργελέφας	43
γύψ	19
δενδροκόλαφος	53
δένδρον περιδέξιον	34
δόρκων	41
ἔλαφος	30
ἐλέφας	43
ἔνυδρος	25
ἔνυδρος βάτραχος	29
ἔποψ	8
ἐρωδιός	47
ἔχιδνα	10
ἐχῖνος	14
ἡλιακή σαύρα	2
ἶβις	40
ἰνδικός λίθος	46
ἱπποκένταυρος	13

ἰχνεύμων	26
κάστωρ	23
κόκκυξ	49
κορώνη	27
λαγωός	54
λέων	1
λίθος ἀδαμάντινος	32
λίθος βατράχιος	46
λίθος ἰνδικός	46
λίθος μαγνήτος	38
λίθος πυροβόλος	37
μαγνήτος λίθος	38
μαργαρίτης	44
μονόκερως	22
μυρμηκολέων	20
μύρμηξ	12
νυκτικόραξ	5
ὄναγρος	9, 45
ὄφις	11
πάνθηρ	16
πελαργὸς	52
πελεκάνος	4
πέρδιξ	18
περιδέξιον δένδρον	34
περιστερά	35
πίθηκος	45
πρίων	39
πυροβόλος λίθος	37
σαλαμάνδρα	31
σαύρα ἡλιακή	2
σειρήν	13
συκάμινος	48
ταὼν	51
τρυγών	28
ὕαινα	24
ὕδριππος	50
ὕδρωψ	36

φοῖνιξ	7
χαραδριός	3
χελιδών	33
χερσαῖος βάτραχος	29